Jörg Winter

Der Kunde ist Gast

Edition Buchhandel Band 10
Herausgegeben von Klaus-W. Bramann

Jörg Winter

Der Kunde ist Gast

Engagiertes Verkaufen im kundenorientierten Buchhandel

2. überarbeitete und erweiterte Auflage

:Bramann

Inhalt

Vorwort

Der Kunde ist König symbolisiert im modernen Konsum-Zeitalter nahezu unverändert den Idealzustand einer korrekten Kundenbeziehung. Zahlreiche Einflüsse behindern jedoch die Alltagstauglichkeit dieser Vorgabe. In Zeiten schwindender Umgangsformen beklagen zunehmend MitarbeiterInnen im Verkauf kantige Manieren bis hin zu persönlich empfundenen Angriffen – ein eher unkönigliches Betragen der Kundschaft. Zudem suggeriert das Königsbild allzu schnell eine Rollenverteilung, die auf Seiten der MitarbeiterInnen im Verkauf eine unterwürfige Haltung des Untertanen, Dieners, im besten Fall Hofnarren führt. Auch wenn eine solche Rollenzuordnung nicht bewusst reflektiert wird, wirkt sie dennoch unbewusst und sorgt für eine Art Abwehrhaltung und in zahlreichen Fällen für eine gebremste Servicementalität.

Zeitgemäßer erscheint ein partnerschaftliches Modell mit unverkrampften Verhaltensformen auf beiden Seiten. *Der Kunde ist Gast* – ursprünglich entwickelt für Disneyland, Orlando – hat sich in den vergangenen Jahren als angemessene Metapher im Einzelhandel etabliert. Im Mittelpunkt steht das Motiv der gelebten Gastfreundschaft. Konsequenterweise nimmt der einzelne Mitarbeiter bzw. das gesamte Team die Rolle des Gastgebers ein. Gast und Gastgeber bewegen sich auf einer gemeinsamen Bühne gleichberechtigt und respektvoll gegenüber dem jeweils anderen. Der Gast genießt das Recht einer zuvorkommenden Behandlung, zudem Freundlichkeit und Aufmerksamkeit und im Bedarfsfall ein über das Soll hinausgehendes Engagement. Die Beziehung Gast-Gastgeber wird durch ein Korrektiv in der Balance gehalten, indem Gäste sich an unausgesprochene oder auch zunehmend ausgesprochene Spielregeln halten, die den *Partyverlauf* nicht stören. So können im Verkaufsalltag anmaßende Verhaltensweisen und auch persönliche Angriffe konsequent behandelt werden.

Das vorliegende Buch skizziert praxisnah, wie das Leitbild **Der Kunde ist Gast** mit Leben erfüllt werden kann. Maßstab und Ziel bleibt dabei stets die radikale Kundenorientierung. Ein wenig martialisch klingend ist der Begriff der radikalen Kundenorientierung geeignet, die betrieblichen Kräfte zu bündeln und im unübersehbaren Produkt- und Servicewettbewerb praktikable Wege zur Kundenbindung zu erzielen. Die vorliegenden Beispiele basieren auf der Trainings- und Beratungspraxis des Autors – in erster Linie aus dem Bucheinzelhandel. Die dabei vorgestellten Grundprinzipien und Handlungsanleitungen können mit ein wenig Phantasie problemlos auf große Teile des Fachhandels übertragen werden.

Nichts ist so beständig wie der Wandel

Welche Zukunft hat der Buchhandel? Wie werden sich Städte und ganze Regionen entwickeln? Welche Perspektiven hat der Handel, wenn sich Kunden zunehmend dem Internet zuwenden? Und zugleich: Worin liegen die Chancen im Zeitalter der Digitalisierung? Solche Fragen fordern den Handel zu einem neuen Denken auf, sich in einer Welt des permanenten Wandels zu entdecken. Dafür braucht es die Fähigkeit, Verunsicherungen durch klaren Verstand zu bändigen, denn wie so oft ist der Blick in die Glaskugel von Ängsten und – brisant – von der Meinung anderer getrübt. Wenn es jedoch gelingt, Ängste und Sorgen hinter sich zu lassen und möglichst sachlich auf das tatsächliche Geschehen zu blicken, kann aus der Vogelperspektive Folgendes beobachtet werden.

Erstens: Es hat sich eine **sichtbare Koexistenz stationärer und online geprägter Handelsformen** eingespielt. Ein reiner Kannibalismus des Internets zulasten des stationären Handels ist für gut positionierte Einzelhändler ausgeblieben, wobei ›gut positioniert‹ hierbei das Schlüsselwort ist.

Zweitens: Die **Standortqualität** ist für Wachstumsperspektiven so wichtig geblieben wie sie schon immer gewesen ist. In diesem Punkt geht die Schere auseinander. Gut frequentierte Lagen in einem gesunden Einzelhandelsumfeld mit Flanierqualität zeigen sich eher stabil. Leerstände dagegen beeinträchtigen gut geführte Betriebe genauso wie sich ändernde Laufwege, die sich beispielsweise durch neue Einkaufszentren ergeben. Ein ähnliches Handicap für die Attraktivität eines Standortes können inaktive Einzelhändler im unmittelbaren Umfeld sein. ›Buy local‹ als Initiative für eine Art Bewusstseinserweiterung der Kundschaft stößt an diesem Punkt an eine ernstzunehmende Grenze.

Drittens: Die **demografische Entwicklung** lässt erkennen, dass an manchen Standorten die Kundschaft überaltert ist und mancherorts schlicht wegstirbt. Eine rückläufige Kundenfrequenz hat also nicht zwingend etwas mit einem geänderten Konsumverhalten zu tun.

Viertens: In ähnlicher Weise führen uns ganze Regionen in unserem Land vor Augen, dass die **verfügbare Kaufkraft** sehr verschieden verteilt sein kann. So liefern so genannte ›Speckgürtel‹ am Rande von Ballungsräumen, beispielsweise im Rhein-Main-Gebiet, im Großraum Stuttgart oder südlich von München, andere Perspektiven als strukturschwache Gebiete in Mecklenburg-Vorpommern. Sollten die aktuellen Prognosen eintreten, so werden die Metropolen an Zuzug gewinnen und ländliche Bezirke den Preis dafür bezahlen.

Diese ausgewählten Aspekte verdeutlichen, dass erfolgreiches Agieren nicht nur vom Geschick der Unternehmer abhängt, sondern im Kontext übergeordneter Rahmenbedingungen zu sehen ist. Mit dem vorliegenden Buch widmen wir uns nicht der unternehmerischen Entscheidung, an welchem Standort oder mit welchem Geschäftsmodell der Markt erobert werden soll. Es geht vielmehr darum, was für eine professionelle Buchhändlerarbeit jeden Tag bewusst getan werden kann, um unabhängig von den oben skizzierten Rahmenentwicklungen eine optimale Attraktivität der Buchhandlung zu erreichen. Unter dem Leitbild **Der Kunde ist Gast** wird das eigene Rollenverständnis reflektiert. »Wie möchte ich als aufmerksamer Gastgeber sein?« zieht sich als Frage durch alle Seiten. Doch schauen wir zunächst auf einige zentrale Begriffe und Zusammenhänge, die für eine stabile Kundenbindung nützlich sind.

Aufenthaltsqualität

Unsere Kunden wollen sich wohlfühlen. »Was können wir tun, damit es unseren Kunden gut geht?« ist eine zielführende Frage, die unseren Blick auf das Wichtige lenkt. Der Raum und das Raumgefühl gehören zu den Merkmalen, die den stärksten Unterschied zum Internet und auch zu Wettbewerbern ausmachen. Die Raumerschließung, die Warenpräsentation, Sauberkeit, Ordnung, jeder einzelne im Team mit seinen individuellen Verhalten – all das gehört auf den Prüfstand. Hier ist Professionalität statt Amateurhaltung gefragt. Alle Fähigkeiten dazu sind erlernbar.

Kunden inspirieren

Die jüngste GFK-Studie *Buchleser und Buchkäufer* aus dem Jahr 2015 zeigt, dass Zielkäufe im stationären Handel auf dem Rückzug sind. Wenn der Kunde genau weiß, was er möchte, ist das Internet für ihn in der Regel die erste Wahl. Die Erfahrung zeigt, dass der gezielte Kauf im Netz rasch, komfortabel und in der Regel auch zur vollsten Zufriedenheit des Kunden abläuft. Wo liegt aber dann die Chance für den etablierten Buchhandel? Buchhandlungen sind und bleiben der richtige Ort, wenn Kunden keine feste Kaufvorstellung haben, offen für Ideen sind und Spaß am Stöbern haben. Besser gesagt: Sie sollten der richtige Ort sein.

Kunden zu inspirieren, zu animieren, Gelegenheiten zum Entdecken geben – all das sind Großchancen des stationären Handels. Persönliche Empfehlungen als Herzstück einer modernen Buchhandlung gehören nicht an den Rand gedrängt, sondern in das Zentrum des Geschäfts gerückt. Das verbindet das Kundenbedürfnis nach individueller Inspiration mit dem eigenen Profil der Buchhandlung jenseits des Mainstream. Neben der ansprechenden Präsentation eigener Perlen liegt es auf der Hand, im Kundengespräch selbst aktiv zu sein. Denken Sie für Kunden mit! Zeigen Sie Interesse, indem Sie im Gespräch aufmerksam hinhören und mehr als bisher Ideen oder auch Zusatzinformationen loswerden, die die Kunden auf neue Ideen bringen. Nehmen Sie den Begriff ›storytelling‹ wörtlich und erzählen Sie Geschichten über Bücher. Was der Kunde nicht weiß, sieht er nicht. Unterstützen Sie ihn!

Titelrecherche

Binnen weniger Jahre hat sich etwas Wesentliches verändert: Die buchhändlerische Kernkompetenz, spezielle Titel mit Hilfe von berufsspezifischen Nachschlagewerken zu suchen und damit bibliografisch verfügbar zu machen, hat sich geradezu in Luft aufgelöst. Einst ein elementarer Ausdruck buchhändlerischer Arbeitsqualität, ist die Recherche zu einem Großteil in die Zuständigkeit der Kunden abgewandert. Selbst viele Buchhandelskollegen vertreten die Auffassung, dass Amazon schlicht die beste Suchmaschine anbietet. Kunden sind heute in der Lage, während der Titelrecherche im Laden auf dem eigenen Smartphone rascher einen Treffer zu landen als manche Buchhändler. Für viele ›Gatekeeper‹, die die Recherche immer noch als eine Form von Herrschaftswissen verinnerlicht haben, ist das provokant, denn Amazon gilt als Feind, den es zu bekämpfen gilt, wo immer er auch ansatzweise in Erscheinung tritt.

An diesem Beispiel wird der Unterschied zwischen Frosch- und Vogelperspektive deutlich. In der Froschperspektive sehen manche die nur schwer fassbare Bedrohung und reagieren häufig irrational. Bei Einigen beeinflussen möglicherweise negative Gedanken die eigentlich selbstverständliche positive ›Vor-Einstellung‹ gegenüber dem Kunden. Andere neigen sogar direkt zu einer Wortwahl, die die eigene persönliche Meinung zum großen Mitbewerber wiedergibt. Diese eigene Meinung jedoch, die persönliche Bewertung, behindert das Miteinander mit Kunden mehr als uns lieb sein kann. Aus der Vogelperspektive hingegen spielen Emotionen keine so entscheidende Rolle. Persönliche Bewertungen schwächen sich ab, und Rationalität tritt an ihre Stelle. Wer akzeptieren kann, dass Mitbewerber – egal wer sie sind und was sie tun – einfach da sind und für viele Kunden einen guten Job machen, ist auf dem Weg zum Gewinner. Sich gegen Fakten am Markt zu wehren, die nicht zu ändern sind, raubt Energie und ist schlicht unproduktiv.

Doch kommen wir zurück zur Eingangsthese: Die Recherche gehört nicht mehr zum Hoheitsgebiet des Buchhändlers. Was ist zu tun? Jenseits der technologischen Kompetenz, zu der im weiteren Sinne auch ein selbstverständlicher Umgang mit dem eigenen Webshop gehört, ist es zunehmend die Persönlichkeit, die zählt. In welcher Haltung gehen wir auf unsere Kunden zu? Mit welchen Gedanken starten wir in den Tag? Wie weit sind wir noch auf der Spur der ›Chancen-Denker‹? Oder sind wir immer noch in der trüben Welt der ›Problem-Denker‹ verankert? Das Anforderungsprofil, das Berufsbild im Buchhandel, wandelt sich demzufolge. Ein aufgeschlossener Menschentyp, selbstbewusst und bereit, auf der täglichen Buchhandelsbühne souverän mit Menschen jeder Art umzugehen, löst mehr und mehr branchentradierte Kriterien, wie Titelkenntnis, mitunter sogar Allgemeinbildung, ab.

Zukunft aktiv meistern

Offen sein für neue Entwicklungen und neugierig werden, wie andere im direkten Umfeld mit Veränderungen umgehen, sind Schlüsselqualifikationen, um auch die Zukunft aktiv zu meistern. Hans Zimmer, einer der großen Filmmusikproduzenten in Hollywood, bringt es in einem Interview auf den Punkt: Er berichtet von seiner ersten Begegnung mit seinem Klavierlehrer. Er erzählt von seiner Enttäuschung, als ihm bewusst wurde, dass ihm ein Klavierlehrer nur Stücke beibringen wollte, die bereits andere vor ihm gespielt hatten. Seine Vorstellung war jedoch eine gänzlich andere. Er erwartete von seinem Klavierlehrer, dass er ihn in seiner Persönlichkeit nach vorne bringt, seine Talente erkennt und entwickelt.

Welch ein interessanter Ansatz! Sobald Sie andere imitieren, stecken Sie fest. Übertragen auf Ihre Branche bedeutet das, dass erlernte Verkaufstechniken schön und gut sind und Halt für eine souveräne Gesprächsführung geben. Entscheidend wird aber sein, welche Haltung Sie zu Ihrem Beruf finden und wie es Ihnen gelingt, Ihre Persönlichkeit zu entfalten. Die folgenden Seiten bieten Ihnen einen Entwurf, an welchem Leitbild Sie sich orientieren können. Akzeptieren Sie die Veränderungen im Kundenverhalten und seien Sie wachsam, in welchen Punkten Ihre persönlichen Werte und Beurteilungen die Entfaltung Ihrer Gastgeberrolle beeinträchtigen. Werden Sie unverwechselbare Gastgeber auf legendären Partys!

Hamburg, im Januar 2016   *Jörg Winter*

Kundenbindung in chaotischen Märkten

Das Verhalten vieler Kunden wird geprägt durch fehlende Verlässlichkeit, fehlende Prognostizierbarkeit, schwindende Treue, widersprüchliche Verhaltensweisen – alles in allem ein heilloses Durcheinander. Der moderne, multioptionale Kunde vagabundiert zwischen den Einkaufsstätten und kauft nach Gelegenheit. Er pendelt zwischen unterschiedlichen Fachgeschäften an verschiedenen Standorten, schaut zudem in die entsprechende Fachabteilung der Waren- und Kaufhäuser, entscheidet über den Versandhauskatalog oder lässt sich das Produkt via Mausklick, im Internet recherchiert, kommen. Es gibt eben verschiedene Konsumkanäle, die sich im gehobenen Fachhandel in erster Linie ergänzen und nicht substituieren. **Multichannel-Strategien** folgen dabei dem Ziel, das Ladengeschäft mit begleitender Internetpräsenz und Online-Bestellmöglichkeit zu einem insgesamt stabilen Einkaufsverhalten zu führen. Dass auch das Telefon in das Multichannel-Konzept integriert werden muss, wird in der aktuellen Diskussion häufig unterschlagen. Dabei ist der professionelle Umgang bzw. das professionelle Telefonieren in der direkten Bedeutung der Kundenbindung relevanter als mancher Internetauftritt.

Auch wenn der Kunde ein Geschäft betritt, ist sein Verhalten sprunghaft. Von anonymer Selbstbedienung, wenn häufig genug die unerwartete Begrüßung ein Zuviel in der persönlichen Zuwendung bedeutet, bis zu vertraulichen Beratungsgesprächen, die nicht selten Parallelen zu Therapiesitzungen aufzeigen, wird der Bogen gespannt. Vollständige Irritationen treten beim beobachtbaren Preisbewusstsein zu Tage. Soll es für den Pauschaltouristen nach Übersee ein handlicher Reiseführer im Pocketformat sein, kauft derselbe Kunde nach Rückkehr von eben jener Reise ein hochpreisiges Kochbuch aus dem Teubner Verlag, in dem ihn nur die ästhetischen Fotos interessieren – die Idee, Rezepte aus dem Buch nachzukochen, kommt ihm vielleicht nicht einmal ansatzweise.

An dieser Stelle nur soviel: Tolerieren Sie alle gängigen Verhaltensformen Ihrer Kunden, zweifeln Sie nicht an ihnen, sondern nehmen Sie sie als alltäglich gewordenes inhomogenes Verhalten hin. Von uns weitgehend unbemerkt handeln wir selber nach den gleichen Schemata: möglichst niedrige Preise für austauschbare Produkte des täglichen Bedarfs einerseits, unkritisches Ausgabeverhalten für Produkte, die das Lebensgefühl bestimmen, andererseits.

Wie kann in dem skizzierten, chaotisch anmutenden Rahmen überhaupt Kundenbindung erzielt werden? Wie schafft man es, mit seinen in der Regel vollständig austauschbaren Dienstleistungen und Produkten nachhaltig in das Bewusstsein der Kunden zu rücken? Ausgangspunkt für alle weiteren Überlegungen ist die Überzeugung, dass die meisten Kunden unverändert nur Eines wollen: Unternehmen sollen ihren Job machen, und zwar ›ordentlich‹. Vom Bäcker werden gleichbleibend gute Brötchen erwartet, vom Friseur eine gleichbleibende Qualität des Haarschnitts, von der Autowerkstatt eine lückenlose Ausführung des Serviceplans, im Hotel- und Gaststättengewerbe eine verlässliche Qualität der zubereiteten Speisen usw. Durch die wachsende Neigung zahlreicher Dienstleister, ihr Angebotsspektrum artfremd zu erweitern (Nebensortimente, die das Kerngeschäft nicht stärken), oder durch einen überzogenen aufgefächerten Servicekatalog läuft ein Unternehmen Gefahr, die eigentlichen Kernkompetenzen nicht hinreichend zu pflegen und an Basisqualität einzubüßen. Denn vor allem anderen sichert die Perfektionierung der Basisleistungen dem Kunden Premium-Qualität.

Perfektionieren Sie Ihre Basisleistungen.

Basisleistungen

»Back to the roots« oder ein Ausbau der handelsspezifischen Stärken – in der Marketingterminologie heißt das »Die Stärken stärken« – ist das Erfolgsmuster, nach dem auch in traditionellen Branchen Kunden zufriedengestellt und hinzugewonnen werden können. Welche Basisleistungen werden aber vom Einzelhandel mit Büchern und Medien erwartet?

Ein verkäufliches hochaktuelles Angebot

Ladenhüter langweilen das Publikum und sind, ganz zu schweigen von den betriebswirtschaftlichen Konsequenzen, für jedwede Form der Kundenbindung ungeeignet. Ein schnell drehendes Sortiment, in kurzen Bedarfszyklen bestückt, stellt den Idealfall für den Kunden dar. Die Basisleistung **verkäufliches Sortiment** ist die Eintrittskarte für jeden Einzelhändler.

Was so einfach klingt, stellt sich in der Praxis als schwierig dar. Denn nach allgemeiner Branchengepflogenheit ist das Vollsortiment immer noch erklärtes Ziel vieler Unternehmen. Attraktiv wird eine Buchhandlung aber erst, wenn sich das Angebot flexibel an die wechselnden Kundenbedürfnisse anpasst. Dabei sollte erreicht werden, dass Kunden die vorgenommenen saisonalen Veränderungen spüren und wahrnehmen können. Nehmen wir als Beispiel einen Fachhändler für Sportartikel. Wie absurd wäre eine Angebotspolitik, die nahezu ohne Schwerpunktbildung mitten im Winter gleichberechtigt Wintersportequipment als auch Sommersportartikel bereit hielte. Durch die Rücksichtnahme auf saisonale Zyklen vermittelt die wechselnde Angebotsstruktur Aktualität und gleichzeitig Kompetenz.

Übertragen wir es auf die Buchbranche. Hier geht es zunehmend um das Erkennen so genannter Minitrends. Waren vor Jahren Bastelbücher und das Thema Hobby auf dem absteigenden Ast, ist seit einiger Zeit ein Wiedererstarken dieser Segmente zu erkennen. Oder vergegenwärtigen wir uns den wachsenden Bedarf an Büchern im Buchsegment Lebenshilfe. In den mitunter schwer abgrenzbaren Bereichen Philosophie, Religion und Esoterik lassen sich einige Spitzenautoren erkennen, die im Gesamtangebot nicht untergehen dürfen, sondern prominente Plätze einnehmen müssen. Zum elementaren Handwerkszeug im Handel gehört ferner, dass beispielsweise im Herbst das Kochbuchregal mit Titeln zur Kürbiszubereitung bestückt wird und weniger durch eine Spargelrezeptsammlung irritiert.

Schließlich gilt es ein zunehmendes Hauptmotiv der Stammkundschaft konsequent zu bedienen. Wir sprechen von persönlichen Empfehlungen, die für regelmäßige Kunden an Relevanz gewonnen haben. Direkt neben den offiziellen Bestsellern platziert, im Idealfall durch gut gemachte Fotos der Mitarbeiter unterstrichen, geben sie der Buchhandlung das eigene Gesicht.

Ein Beispiel aus einer anderen Branche: Hochwertige Schreibgeräte haben in Deutschland seit einiger Zeit einen ungewöhnlichen Nachfrageeinbruch zu verzeichnen. Die Entwicklung zeichnet sich schon seit

Jahren ab und führt dazu, dass selbst namhafte Papeteriegeschäfte den einstigen Imageträger beträchtlich reduzieren und im Einzelfall deren Aufgabe in Betracht ziehen. Genau hier liegt die große emotionale Blockade von leidenschaftlichen Verkäuferinnen und Verkäufern. Gehört ein Produktbereich seit Jahren zum Teil des prägenden Kernsortiments, werden Nachfrageeinbrüche nur widerwillig zur Kenntnis genommen oder als kurzfristige saisonale Schwankung interpretiert. Professionelle Unternehmen nehmen derartige Trends wahr, erhärten sie durch Gespräche in Fachkreisen und treffen dann schnell Ihre Entscheidung. Zusammengefasst: Erheben Sie keinen Anspruch mehr auf ein ganzjähriges Vollsortiment sondern passen Sie reaktionsstark Ihre Schwerpunktsortimente den saisonalen Erfordernissen und den aktuellen Themen an.

Sie erreichen Premium-Qualität nur über Beschränkung.

Service

Ein Wort zu den klassischen Serviceleistungen. Fachkundige Beratung, engagierte Recherche nicht vorrätiger Artikel, Bestellungen im Auftrag des Kunden, Einpackservice, Versand auf Wunsch, Ausgabe einer Kundenkarte, Produkt-Events der Verlage usw. lassen den Katalog der Serviceleistungen anschwellen. Nun wird ein Großteil der genannten Leistungen aus Sicht der Kunden nicht mehr als Service erachtet, sondern zunehmend als Basisleistung. D. h. der Anspruch, den Kunden an ein Fachgeschäft richten, wächst zunehmend.

Aus Kundensicht hingegen wird Freundlichkeit als Service hoch bewertet, quasi als Ausnahmeverhalten in der viel beschriebenen Servicewüste Deutschland. Dabei handelt es sich um vergleichsweise einfache Verhaltensmuster, die Wirkung erzielen. Neben der obligatorischen Begrüßung wird der Verabschiedung große Bedeutung zugemessen. *»Vielen Dank für Ihren Besuch!«* oder *»Viel Spaß beim Schenken!«* oder auch *»Ich wünsche Ihnen noch einen schönen Tag!«* erzeugen bei den meisten Kunden bereits das Gefühl des Willkommenseins, obwohl es sich um ein durchaus überschaubares Repertoire an Formulierungen handelt.

In den gleichen Themenkreis gehören Aufmerksamkeiten wie das Türe-
Aufhalten für Senioren, für Mütter oder Väter mit Kinderwagen sowie für
all diejenigen, die mit viel Gepäck beladen das Geschäft betreten oder
auch verlassen möchten. All das gelingt über ein durchgängig aufmerksames Verhalten, das auf den Kunden und nicht auf die Ware bzw. auf die
Abläufe konzentriert ist. Ähnlich wie Freundlichkeit wird auch der
großzügige Umgang mit Umtauschwünschen in der Kundengunst hoch
bepunktet. Im Laufe der weiteren Ausführungen wird diesem bedeuten-
den Thema viel Raum gewidmet.

Ambiente

Denken wir zunächst einmal an das Ladendesign. Attraktive Ladenbau-
konzepte mit pfiffigen Ideen und ausgewählten Materialien gehören heute zum Standard moderner Unternehmen. An ein angenehmes Ambiente gewöhnen sich Menschen in aller Regel sehr schnell. Der Moderni-
tätssprung zur vorangegangenen Einrichtung wird umgehend als normal
empfunden. Im Mittelpunkt eines Ladenkonzeptes stehen heute zwei
Anforderungen. Zum einen soll die Verweildauer des Kunden erhöht
werden, da der Zusammenhang zwischen Verweildauer und Umsatz-
tätigkeit des Kunden klar auf der Hand liegt. Des Weiteren muss Übersichtlichkeit und eine optimale Wegführung gewährleistet werden, um
die gewollten Selbstbedienungseffekte zu unterstreichen.

Der Zugang zur Ware muss so leicht wie möglich sein. Genau an diesem
Punkt brechen traditionell Konflikte zwischen Verlagen und Buchhandlungen auf. Denn manche Lieferanten stellen mitunter erstklassig design-
te Displays und Verkaufsmöbel zu Verfügung – in der Absicht, durch die
verbesserte Präsenz ihrer Produkte einen vermehrten Abverkauf zu bewirken. Aber dem Handel wird dadurch nicht nur geholfen. Denn allzu
häufig werden durch den vermeintlichen Vorteil Nachteile erkauft: Der
Lagerbestand erhöht sich weitaus stärker als die gewollten Umsatzzu-
wächse sich einstellen, die Übersichtlichkeit des Geschäftes leidet und der
Zugang zu den Sortimentsbereichen, die sich hinter den Displays befinden, kann derart beeinträchtigt werden, dass sich in den davon
betroffenen Regalträgern nur noch rudimentär Umsätze tätigen lassen.

Gewährleisten Sie den unverstellten Zugang zur Ware.

Alles in allem führt die Abwägung der Chancen und Risiken traditioneller Displays in modern geführten Unternehmen zu einer reservierten Haltung gegenüber fremden Verkaufsmöbeln.

Neben einem zeitgemäßen Ladenbau, einer guten Lichtkonzeption sowie Sauberkeit und Ordnung(!), wird das Wohlfühlen der Kunden in erster Linie durch die Wirkung der im Verkauf tätigen MitarbeiterInnen bestimmt. Aufmerksamkeit, die persönliche Einstellung, ein souveränes Verkäuferverhalten und schließlich ein gepflegtes äußeres Erscheinungsbild seien hier als Eckpunkte genannt, die im Verlaufe dieses Buches noch näher beschrieben werden.

Qualität setzt sich immer durch

Qualität setzt sich immer durch – ein allen bekanntes Prinzip, das in der aktuellen Tagespraxis von manchen Betrieben nicht gelebt wird. Konzentrieren Sie sich mit Ihrem Unternehmen auf die wirksamsten Spielregeln, und Sie können den Erfolg nicht verhindern. Um Klarheit über diese Spielregeln zu erhalten, wenden wir uns im Folgenden klassischen Situationen im Verkaufsraum zu, die für die Beurteilung des Kunden und seiner Zufriedenheit von ausschlaggebender Bedeutung sind – den so genannten Schlüsselsituationen.

Der Zugang zum Buffet

Kommen wir auf das Partybild zurück. Auf jeder Party ist es nur eine Frage der Zeit, wann das Interesse der Gäste am Buffet in den ungeteilten Mittelpunkt rückt. Essen und Trinken sind neben der guten Unterhaltung und der Stimmung zwischen den anderen Partygästen von dominanter Bedeutung. Grundsätzlich gilt, dass wir es unseren Kunden so leicht wie möglich machen.

Nach diesem Grundsatz wird die gesamte Warenpräsentation, die Bestückung und der Zugang zur Ware überprüft. Beobachtungen, die wir alle in der Vergangenheit bereits machten, wurden von Paco Underhill in seinem Buch *Warum kaufen wir? Die Psychologie des Konsums* umfassend beschrieben und praxisnah dargestellt. An dieser Stelle seien ausgewählte Empfehlungen noch einmal hervorgehoben.

Der Eingangsbereich

Ihre Gäste müssen sich auf Ihrer Party zunächst einmal akklimatisieren, bevor sie bereit sind, vom Buffet Kenntnis zu nehmen und sich zu bedienen. Für Ihr Geschäft bedeutet dies, dass Ihre Kunden erst einige Schritte in den Laden gehen, bevor sie bereit sind, sich in Ruhe mit der Ware zu befassen. So sollten Angebotstische nicht unmittelbar am Eingang stehen, da sie schlicht von vielen Kunden überlaufen werden. Versetzen Sie sie einige Meter in den Eingangsbereich hinein, damit der Kunde Zeit und die buchstäbliche Luft hat, sich hier zu bedienen.

Freie Hände

Wenn Kunden sich in einem Fachgeschäft bewegen, benötigen sie beide Hände. Nun ist diese Erkenntnis nicht neu, führt aber bei kundenorientierten Händlern zu einer Konsequenz. Sobald nämlich ein Kunde ein Produkt gefunden hat, das er erwerben möchte, ist die Voraussetzung der freien Hände nicht mehr erfüllt. Seine Kauffreude nimmt zum gleichen Zeitpunkt merklich ab. Aufmerksame VerkäuferInnen bieten sich darum an mit »*Darf ich es Ihnen schon mal zur Kasse bringen?*« Ein schöner Service, der nur einen Haken hat: Wir erbringen ihn nur denjenigen gegenüber, die wir – eher zufällig – in der geschilderten Situation wahrnehmen. Spätestens im Stoßgeschäft ist unsere Wahrnehmung überlastet und das Entgegenkommen kann nicht mehr durchgängig praktiziert werden.

Einkaufskörbe können Abhilfe schaffen und werden bereits in zahlreichen Geschäften eingesetzt. Auf die Akzeptanz der Körbe angesprochen, konstatieren jedoch manche Geschäftsleute, dass die Körbe vom Kunden schnöde ignoriert werden. Häufig ist die Ursache für den Korbverzicht darin zu finden, dass die Körbe falsch platziert sind. So werden gestapelte Einkaufskörbe direkt im Eingangsbereich nicht wahrgenommen, da an dieser Stelle der Nutzen der Körbe nicht einsichtig erscheint. Im mittleren und hinteren Bereich des Ladens präsentierte Körbe sind hingegen bedeutend kundenorientierter, da hier die Wahrscheinlichkeit zunimmt, ausgewählte Produkte in den Korb zu legen. Schließlich wird angeführt, dass sich viele Kunden nicht gerne bücken. Wenn Sie es also ihren Kunden leichter machen wollen, dann stellen Sie die Korbstapel auf Podeste in Kniehöhe, sodass ein freundlicher Aufforderungscharakter auf spielerische Weise transportiert wird.

Schutzfolie entfernen

Kunden möchten Produkte gern in die Hand nehmen. Am Beispiel von Büchern wird offensichtlich, wie sehr traditionelle Verhaltensformen und fehlende Aufmerksamkeit Umsätze verhindern. Erst geöffnete, von der Schutzfolie befreite Bücher haben eine Chance, selbstständig vom Kunden geprüft und erworben zu werden. Zu einer routinierten Qualitätsarbeit gehört das ständige Überprüfen der Bücherstapel, um sicher zu stellen, dass die jeweils obersten Exemplare geöffnet sind. Radikal kundenorientierte BuchhändlerInnen öffnen selbst Einzelexemplare. Auch hier gilt die Überzeugung, dass die Chance der Verkäuflichkeit signifikant zunimmt, wenn Kunden die Möglichkeit haben, in die Bücher hineinzuschauen.

> *Entfernen Sie die Schutzfolie, damit der Kunde die Bücher prüfen und begutachten kann.*

Das Kontrastprogramm sieht folgendermaßen aus. Von Angst und Misstrauen geprägte BuchhändlerInnen wittern in erster Linie die Gefahr der Beschädigung, beziehungsweise führen den gelegentlichen Wunsch der Kunden ins Feld, nach Öffnung des einzigen Exemplars ein originalverpacktes erwerben zu wollen. Unberührtheit des Buches oder ein Signal an den Beschenkten, dass noch niemand dies Buch vor ihm gelesen hat oder nur eine Marotte? Neugierige und am Kundenverhalten interessierte Kollegen haben auf Befragung herausgefunden, dass der deutlich größte Teil der sich so verhaltenden Kunden lediglich der irrigen Annahme vorbeugen möchte, ein unverpacktes Buch nicht mehr umtauschen zu können. Wenn Sie diese Haltung nachvollziehen können, haben Sie eine treffsichere Möglichkeit, dem Kunden das gerade geöffnete Buch zu verkaufen. Weisen Sie darauf hin, dass das Buch problemlos umgetauscht werden kann und zudem die Wirkung des Geschenkes im unverpackten Zustand deutlich steigt. Auf diese Weise können Sie Kundenzufriedenheit und leichtes Handling der Ware elegant miteinander kombinieren.

Nicht für alle Produktbereiche lässt es sich derart einfach darstellen wie in der Buchbranche. Im Spielwarenhandel aber auch in der Papeterie gibt es zahllose Kleinartikel, die in Blisterpackungen (Verkaufseinheiten, die Produkte zwischen Pappboden und Plastikumhüllung verschließen) an den Warenträgern hängen. Das Anfassen-Dürfen gilt aber für nahezu alle anderen Produkte. Gehören auch Kinder zur Ihrer Kundschaft, so berücksichtigen Sie bitte, dass insbesondere sie ihre Umwelt mit den Händen erfahren (begreifen). Kindern das Berühren der Ware zu verbieten, kommt einer Verkaufsverhinderung gleich.

Freier Zugang zu den Regalen

Sorgen Sie für einen freien Zugang zu den Regalen. Störende Displays oder andere Non-Book-Aufsteller haben wir bereits angesprochen. Sie behindern die Kunden auf ihrem Weg durch das Geschäft und sind damit aktive Umsatzbremser für die hinter den Displays platzierten Warenträger.

Es gibt aber auch ›Umsatzkiller‹ einer ganz anderen Art, wie der folgende Extremfall belegt. Denn wenn der geliebte Hund des Ladenbesitzers seine Freiheiten dergestalt ausnutzt, dass er seine Ruhephasen vor Regalen ausübt, kann sich jeder die umsatzmindernden Konsequenzen für die dort befindliche Ware ausmalen. Den gleichen Effekt haben im Übrigen auch Einkaufsgespräche mit Vertretern, die im Verkaufsraum durchgeführt werden.

Wertigkeit der Regalzonen und Tische

Präsentieren Sie nach dem alten kaufmännischen Prinzip: Je leichter die Ware verkäuflich ist, umso leichter zugänglich muss sie präsentiert werden. Je beratungsintensiver ein Produkt ist, umso mehr können Sie dem Kunden Pfadfinderqualitäten zumuten.

Beginnen wir bei den Tischen. Tische dienen dem Mengenverkauf. Sie nehmen die wertvollste Verkaufsfläche ein und müssen deshalb hochproduktiv eingesetzt werden. Bücher werden deshalb grundsätzlich und ausnahmslos als Stapel präsentiert, wobei es sich um aktuelle Titel handeln sollte. Non-Books lassen sich gut in Schütten präsentieren.

Präsentieren Sie Bücher auf Tischen ausnahmslos als Stapel.

Stapel und Schütten erzeugen durch die unübersehbare Mengenanhäufung einen attraktiven Warendruck, der zum Zugreifen animiert. Die Ware muss sich selbst erklären können. Deshalb ist es sinnvoll, einen Tisch unter ein einziges Thema zu stellen, das der Kunde leicht versteht.

In den Regalen findet sich die mit Abstand größte Warenmenge, und die Anforderungen an eine verkaufsaktive Präsentation sind am höchsten. Denken Sie auch hier an das Beispiel Ihrer Party. Auf Ihren Buffet platzieren Sie die *Sattmacher* an die Stelle, die Ihren Gästen zwangsläufig ins Auge fällt und auf die am schnellsten zugegriffen werden kann. Ihre umsatzstarken Sortimentsbereiche werden deshalb in den mittleren zwei bis drei Regalebenen frontal präsentiert, und zwar auch als Stapel. Schrägböden werden grundsätzlich bis zur Regalkante aufgefüllt. Einzelne Titel verschwinden in den Tiefen der Regale und vermitteln einen Eindruck, der eher auf Ladenhüter abzielt als auf attraktive, gut bevorratete Ware.

Frontalpräsentation wirkt besonders gut, wenn Dubletten präsentiert werden oder wenn bei einzelnen Schwerpunkttiteln ganze Regalfächer nur mit einem Titel bestückt werden. Rücken-an-Rücken-Präsentation ist in den Regalzonen oberhalb und unterhalb der Frontalpräsentation (Reckzone und Bückzone) angebracht.

> **Platzieren Sie Ihre umsatzstarken Sortimentsbereiche frontal in Sichthöhe.**

Natürlich gelten diese Empfehlungen vor dem Hintergrund der jeweils nutzbaren Ladeneinrichtung. Experimentieren Sie nach Lust und Laune, welche Präsentationsformen in welchen Warengruppen für Sie am sinnvollsten erscheinen. Denn durchgängige Präsentationsstandards gibt es nicht. So können Sie ein Regal auch ganzflächig frontal präsentieren und die ›magazinierte‹ Präsentation, d. h. die Rücken-an-Rücken-Einstellung, vollständig für das daneben stehende Regalmöbel nutzen.

Die gemeinsame Zuordnung von Hardcovern und Taschenbuch hat sich im Sachbuch seit vielen Jahren bewährt. Auch in der Belletristik gibt es Erfolgsmeldungen, sofern *zusätzlich* noch Büchertische mit aktuellen Taschenbüchern existieren. Denn der typische Taschenbuch-Kunde darf nicht dadurch verprellt werden, dass seine Taschenbuchabteilung aufgelöst und in die Hardcoverabteilung integriert wird.

Für den Kunden am unangenehmsten ist die klassische Rücken-an-Rücken-Präsentation. Die menschlichen Wahrnehmungskanäle sind nicht dafür geeignet, vertikal angeordnete Bücherrücken zu erkennen. Erlauben Sie sich deshalb das Vergnügen, und legen Sie zur Abwechslung einmal die Bücher einer Reihe, die das gleiche Format besitzen, aufeinander. Jetzt kann der Blick des Kunden ungehindert auf den horizontal ausgerichteten Buchrücken fallen. Die an diesen Stellen im Regal zu verzeichnenden Spontankäufe wiegen die beobachtbare Unordnung bei weitem auf, die die Kunden dadurch hinterlassen, dass sie aus dem Stapel gezogene Bücher im Regelfall seitenverkehrt wieder oben auf dem Stapel legen.

Abteilungsgrenzen werden von Menschen eher vertikal wahrgenommen und nicht horizontal. Mit anderen Worten: Sorgen Sie dafür, dass Abteilungen mit der Seitenwand eines Regals abschließen und nicht zu viele laufende Meter in die Horizontale ausgedehnt werden. Die Struktur des Angebotes verschwimmt, und eine einfache auf Selbstbedienung gerichtete Wegführung wird behindert.

Sauberkeit und Ordnung

Sauberkeit und Ordnung sind ein unverzichtbarer Bestandteil eines modern geführten, auf Kundenerwartungen ausgerichteten Ladengeschäftes. Wenn Sie Einfluss darauf nehmen können, entscheiden Sie sich für Einrichtungsmöbel, auf denen der tägliche Staubniederschlag nicht sofort sichtbar wird. Anderenfalls müssen die MitarbeiterInnen gelegentlich die Warenträger mit einem Staubtuch abwischen – in Ergänzung zur regelmäßigen Grundreinigung. Detaillierte Putzpläne stellen sicher, wer im Team in welchen Intervallen für welche Bereiche verantwortlich sein soll. Das Wiederherstellen von in Unordnung gebrachten Sortimenten sowie das regelmäßige schnelle Wiederauffüllen gerissener Lücken auf Ihren Buffets sollten ebenfalls eine Selbstverständlichkeit sein.

Schriftliche Präsentationsregeln

Damit die hier angesprochenen Grundüberzeugungen auch im Tagesgeschäft verlässlich umgesetzt werden, kommen Sie um schriftlich fixierte Präsentationsregeln nicht herum. Wie soll mit der Ware und den einzelnen Warenträgern umgegangen werden? Lernen Sie von anderen

und auf entsprechenden Seminaren. Legen Sie sodann eine Musterprä-
sentation in Regalen, Tischen und an anderen Orten der Buchhandlung
fest. Dokumentieren Sie diese Soll-Vorgabe fotografisch und hinterlegen
Sie sie beispielsweise in einem Betriebshandbuch. Lernen Sie Ihr Party-
buffet zu jeden Zeitpunkt appetitlich zu arrangieren, damit die Gäste
Lust haben zuzugreifen. Ohne schriftlich festgehaltene Präsentationsregeln bleiben Sie in diesem wichtigen Punkt der Aufenthaltsqualität
nicht konsequent.

Die Party

Welchen Charakter hat Ihre Party? Ist es die kleine feine Begegnung im engsten Familienkreis, vergleichbar mit einem an Intimität grenzenden und unter Ausschluss der Öffentlichkeit stattfindenden Einkauf beim exklusiven Juwelier? Oder im anderen Extrem eher eine Art täglicher Polterabend? Ob 50 zahlende Kunden oder 3.000 – zwischen diesen Zahlen spielt sich der moderne Verkauf in Fachgeschäften ab.

Der erste Kontakt

»Kunden brauchen eine Landebahn.« (Paco Underhill) Ihre privaten Gäste empfangen Sie ja schließlich auch nicht auf der Türschwelle und bieten ihnen hier bereits den Aperitif an. Lassen Sie sie erst herein kommen, sich akklimatisieren, damit Sie dann bereit sind mit Ihnen, den anderen Gästen und der Party generell klar zu kommen. Der amerikanische Einzelhändler Wal-Mart ist vor Jahren in Deutschland mit dem so genannten Grüß-August angetreten: einem Mitarbeiter, der Kunden direkt nach Betreten des Superstores begrüßen sollte. Was als Höflichkeit und Aufmerksamkeit gedacht war, entpuppte sich als wenig zweckmäßig. Die Kunden wurden gewissermaßen noch während ihres Landeanfluges angesprochen. Bevor sie sicher gelandet sind, fehlt die Konzentration und die Bereitschaft, Höflichkeiten entgegen zu nehmen. Wie ist also zu verfahren?

Der Erstkontakt zwischen Gastgeber und Gast erfolgt weitgehend zwanglos, nämlich bei Gelegenheit. So wie auf einem Polterabend der neu eintreffende Gast sich umschauend akklimatisiert, sich mit den wichtigsten Örtlichkeiten vertraut macht (Garderobe, Buffet, Bierfass, Toilette), wird sich über kurz oder lang die Begegnung mit dem Gastgeber einstellen. Beide Varianten sind vorstellbar: Der Gast spricht den Gastgeber an, der gerade mit anderen Gästen oder anderen Aktivitäten beschäftigt ist. Oder aber der Gastgeber, der aufmerksam seine Blicke über die Gesellschaft schweifen lässt, erspäht den neuen Gast und wird initiativ. Diese Szenerie soll uns begleiten auf dem Weg einer zeitgemäßen Begrüßung bei durchaus unterschiedlichen Kundenerwartungen.

Um es vorweg zu sagen: Ihre Haltung als Gastgeber sollte von einer unaufdringlichen Aufmerksamkeit geleitet werden. So wie in einem guten Restaurant die Bedienung durch offene Augen und fliegende Blicke erkennen kann, ob weitere Bestellungen aufgegeben werden wollen, behalten auch Sie den Überblick über den Verkaufsraum und achten auf offene oder verdeckte Gesprächswünsche Ihrer Kunden. Blickkontakt, freundliches Zunicken, eine Begrüßung und gegebenenfalls die aktive Ansprache gehören dazu.

Lassen Sie sich in Ihrer Gastgeber-Rolle
von einer unaufdringlichen Aufmerksamkeit leiten.

Wenn Sie möchten, übernehmen Sie spielerisch eine Regel aus dem Fußball. Hier wird häufig von Mann- und Raumdeckung gesprochen. Raumdeckung bedeutet, den Blick über das Spielfeld gleiten zu lassen, einen Überblick über die jeweilige Situation zu erhalten, um dann – wenn Ihr persönlicher Einsatz gefordert erscheint – gezielt auf den ›Gegner‹ zuzugehen. Dann allerdings mit aller Konsequenz und Intensität. Grundsätzlich praktizieren Sie Raumdeckung. Raumdeckung ohne aufmerksame Blicke zu Ihren Gästen verfehlt hingegen das Ziel.

Stammkunden

»Schön, dass Sie wieder bei uns sind.« Wir alle kennen sie, die treuen Seelen, die uns seit Jahren mit ihrem Besuch beehren und uns dank ihrer Aufgeschlossenheit und Kommunikationsfreude auch namentlich bekannt sind. Da der Mensch nur Weniges lieber hört als den eigenen Namen, werden namentlich bekannte Kunde konsequent auch mit ihrem Namen angesprochen. Das gilt nicht nur für die Begrüßung, sondern auch für die Bestellung einzelner Bücher, bei der Begegnung am Abholfach und natürlich auch beim Kassiervorgang mit einer EC- oder Kreditkarte sowie am Telefon. Einmal mit Aufmerksamkeit den Namen wiederholt und ein spürbarer Beitrag zur Kundenbindung wird erreicht. *»Guten Morgen, Frau Vogt.«*, *»Herzlich Willkommen, Herr Dr. Lenhart.«* und andere Sequenzen stellen beispielhafte Begrüßungsformen dar.

Ein- bis zweimal angewandt erzielen Sie mit der Namensnennung den gewollten Zweck. Setzten Sie sie allerdings nicht so inflationär ein wie mittelmäßige Telefonakquisiteure. Denn dann wird sie kontraproduktiv. Das Nennen des Namen soll nicht aufdringlich wirken, sondern aufmerksam und freundschaftlich, wie es bei guten Gästen und Freunden die Regel sein sollte.

Nicht-Stammkunden

Nicht-Stammkunden frequentieren häufiger als unbekannte Gäste unser Geschäft. Eine herzliche Begrüßung wie bei den Stammkunden ist aufgrund der mangelnden Nähe zwischen Gast und Gastgeber zunächst nicht erwünscht und auch nicht erforderlich. Gleichwohl gehört es wohl zu den Grundbedürfnissen auch anonym agierender Kunden, in ihrem Selbstwertgefühl gestärkt zu werden.

Die bewusste Wahrnehmung, das Spüren von Aufmerksamkeit, das freundliche, unaufdringliche Zunicken sind Formen der Anerkennung, die aus mehreren Gründen sinnvoll sind. Zu einem gebietet es die simple Höflichkeit, auch unbekannten Kunden zu signalisieren, dass wir sie willkommen heißen. Zum anderen darf uns die Köpersprache mancher Kunden nicht dazu verleiten, anzunehmen, dass sie vollständig ungestört bleiben wollen. Sie alle haben die Erfahrung gemacht, dass eine im Vorbeigehen geäußerte freundlich Begrüßung den Kunden ermunterte, die verbal gereichte Hand zu ergreifen, um Informationen zu erlangen oder gar ein Beratungsgespräch zu starten.

Eine Begrüßung ist in erster Linie als eine Initiative zu sehen – mit dem Zweck, die Chance eines Beratungsgespräches zu eröffnen. Beobachtungen zeigen, dass zahlreiche Kunden eine Scheu besitzen, aus eigenem Antrieb das Fachpersonal anzusprechen und statt dessen das Geschäft verlassen. Dem gegenüber erhöht die aktive Ansprache des Kunden die Chance des erfolgreichen Verkaufs deutlich. Darüber hinaus stellt die Begrüßung eine der wirksamsten Präventivmaßnahmen bei der Verhinderung von Gelegenheitsdiebstählen dar.

Nutzen Sie die Begrüßung als Chance,
das Kundengepräch zu eröffnen.

Die Variationsformen der Begrüßung unbekannter Kunden stehen in Abhängigkeit zu der eingeschätzten Akzeptanz: freundliches Anschauen bzw. Lächeln – ein »Hallo« bei jungen Leuten, ein »Guten Tag«, »Grüß Gott« oder »Moin« je nach Region – sind wohl die üblichen Formulierungen. Belassen Sie es bei der schlichten Begrüßung. Möchte der Kunde mit Ihnen ins Gespräch kommen, kann er selbst initiativ werden.

»Darf ich Sie mal stören?«

Während Sie gerade damit beschäftigt sind, Ware nachzuräumen, werden Sie vom Kunden angesprochen. »Darf ich Sie mal stören?« Dass dabei ausgerechnet Sie angesprochen werden und nicht einer Ihrer Kollegen, die gut sichtbar unbeschäftigt bereit stehen, soll Sie nicht irritieren. Es ist offensichtlich eine normale menschliche Verhaltensweise, beschäftigte Menschen anzusprechen. Dem gleichen Umstand ist es zu verdanken, dass Sie inmitten eines Beratungsgespräches von weiteren Kunden angesprochen werden, obwohl Ihre umstehenden, nicht beschäftigten Kollegen unbehelligt bleiben.

Wie sieht die geeignete Reaktion auf die Ansprache des Kunden aus? Mustergültig ist die Einbindung des Kunden mit der klassischen offenen Frage: »Was kann ich denn für Sie tun?« Sie befinden sich sofort im Gespräch und ermuntern den Kunden zur ersten Angabe seiner Wünsche. Ein »Ja, bitte?« ist in Verbindung mit einem freundlichen Blickkontakt auch ein Standard, der häufig praktiziert wird. Um körpersprachlich Ihre Bereitschaft zum Dialog zu unterstreichen, ist das umgehende Zur-Seite-Legen der gerade transportierten Ware unumgänglich. Offene, leere Hände gehören zu den sichtbarsten Signalen einer ungeteilten Aufmerksamkeit.

> *Binden Sie die Kunden mit offenen Fragen in das Gespräch ein.*

Die beschriebenen Formulierungen gelten auch für den Erstkontakt am Infopool und am PC, wenn Sie den nächsten Kunden in der wartenden Schlange willkommen heißen. »Was kann ich für Sie tun?« zeigt mit der geänderten Betonung Ihre uneingeschränkte Aufmerksamkeit für den jetzigen Kunden. Tritt der Kunde an das Abholfach oder an die Kasse, ist eine einfache freundliche Begrüßung das A und O.

Hilflos wirkende Kunden

Sie beobachten einen hilflos wirkenden Kunden am Regal. Seine Körpersprache verrät Ihnen, dass er für eine Hilfestellung dankbar sein wird.
Bevor Sie verbal Ihre Dienste anbieten, beobachten Sie und trainieren
Sie zunächst zwei körpersprachlich bedeutsame Verhaltensweisen. Erstens: Sprechen Sie Kunden nicht von hinten an. Das käme einem Über-
fall gleich. Bewegen Sie sich langsam in das Gesichtsfeld des Kunden und
lassen Sie zwei, drei Sekunden Ihre Blicke auf dem Profil des Kunden liegen. Gehen Sie davon aus, dass der Kunde diesen Blick spürt und nun auf
Ihre gesprochenen Worte reagieren kann. Also erst schauen, dann reden.
Dieser Merksatz gilt für grundsätzlich alle Dialogformen, um Ruhe und
Aufmerksamkeit in ein Gespräch zu bekommen.

Schauen Sie den Kunden an, bevor Sie reden.

Zweitens: Berücksichtigen Sie die Intimdistanz, bei deren Unterschrei-
tung das Wohlbehagen der meisten Menschen leidet. Die sprichwörtliche
Armlänge sollte eingehalten werden. Kommen wir nun zur entscheidenden Sequenz in der Gesprächseröffnung. Sie als Profi kennen den
Zusammenhang: Wer fragt, der führt. Über Fragen binden Sie den Gesprächspartner ein, praktizieren Anerkennung und Interesse und kommen im Idealfall weiter im Hinblick auf die Wunscherfüllung des Kunden. Nach wie vor gibt es jedoch anzufindende ›Klassiker‹ wie »*Kann ich
Ihnen helfen?*«, »*Brauchen Sie Hilfe?*« oder »*Kann ich etwas für Sie
tun?*« – alles Varianten einer grundsätzlich ähnlichen Frage.

Fragetechniken

Ein kleiner Ausflug in die Wirkung verschiedener Fragetechniken. Fragen, wie die zuletzt skizzierten, werden **geschlossene Fragen** genannt,
die sich dadurch auszeichnen, dass sie in der Regel nur mit »*Ja*« oder mit
»*Nein*« beantwortet werden können. Das heißt, Sie erwarten entweder
eine Zustimmung oder eine Ablehnung. Für einen Gesprächsbeginn sind
sie allerdings unglücklich, weil das Risiko, das Gespräch mit einem *NEIN*
zu einem vorläufigen Ende zu bringen, durchaus gegenwärtig ist. Aus
verschiedenen Beobachtungen wissen wir, dass in einer für den Kunden
unerwarteten Situation, wie der hier beschriebenen, eine verneinende

Antwort gleich bedeutend ist mit der gewachsenen inneren Bereitschaft, das Geschäft zu verlassen. Es handelt sich bei dieser Frage also nicht um ein Kavaliersdelikt, sondern um einen substanziellen Fehler im Umgang mit Kunden.

Stellen Sie sich die befremdliche Situation auf Ihrer Party vor. Ihre Gäste werden unmittelbar nach Eintreffen von Ihnen befragt: »*Sagt mal, braucht ihr Hilfe?*« Allein die Wortwahl ›Hilfe‹ signalisiert Bedürftigkeit, Hilflosigkeit und ist deshalb für die beschriebene Situation unangebracht. Aber es kommt noch ein weiterer Gesichtspunkt hinzu, denn die geschlossene Frageform wirkt fordernd, der Kunde fühlt sich unwohl.

Offene Fragen, bei denen es nicht mehr um das ›ob‹, sondern nur noch um das ›was‹ geht, wie in der Formulierung »*Was kann ich euch anbieten?*«, starten einen Dialog hingegen auf sympathische Weise. »Was kann ich euch anbieten?« ist demnach eine angemessene gastfreundliche Formulierung, die im Weiteren auf die Handelssituation übertragen wird. Und Sie ermöglicht darüber hinaus dem Kunden die Verteidigungsform »*Nein, ich möchte mich nur mal umschauen.*«, wenn er in Ruhe gelassen werden will.

Welche Alternativen bieten sich Ihnen außerdem? Zunächst einmal die bereits erwähnte schlichte Begrüßung, wie »*Einen schönen guten Tag!*« »*Kommen Sie zurecht?*« ist auch eine praktikable Möglichkeit, dem Kunden Ihre Servicebereitschaft zu signalisieren, ohne dass er in Zugzwang gerät. Obwohl eine geschlossene Frage, ist die Chance einer konstruktiven Antwort groß. Zeigt Ihnen doch die Antwort »*Ja*«, dass er zwar unbehelligt weiter stöbern möchte, durch die Zustimmung jedoch nicht in einem Rechtfertigungsdruck ist. Antwortet der Kunde hingegen mit einem »*Nein*«, können Sie mit einem freundlichen »*Was kann ich denn für Sie tun?*« produktiv das Gespräch entwickeln.

»*Kommen Sie allein zurecht oder kann ich etwas für Sie tun?*« ist als so genannte **Alternativ- oder Entscheidungsfrage** ein Fragetypus ohne Risiko. Alternativfragen decken alle Möglichkeiten des Kundenwunsches ab. Eine der beiden Alternativen trifft immer zu, also können Sie in jedem Fall eine Zustimmung erwarten. Es ist immer gut, wenn der Gesprächspartner entscheiden kann. Deshalb sollte auch die Frage »*Möchten Sie sich umsehen oder darf ich Ihnen helfen?*« zum Standardrepertoire gehört.

Vollkommen unverfänglich ist zudem das Angebot: »*Wenn Sie mich brauchen, sprechen Sie mich bitte an.*« Hier verwickeln Sie den Kunden nicht in einen Dialog, sondern signalisieren, dass Sie zu jedem Zeitpunkt, den der Kunde bestimmt, für ein Gespräch bereit sind.

> *Benutzen Sie im Zweifelsfall Alternativfragen,*
> *denn sie bewirken immer eine Zustimmung.*

Das Kundengespräch – ein Parcours mit Hindernissen

Starten wir mit einigen Dialogsequenzen, wie wir sie immer noch in vielen Geschäften vorfinden. Ausgangsbasis oder Ausgangspunkt für die folgenden Beispiele ist die etwas unbeholfen klingende Standardaufforderung zahlreicher Kunden: »*Ich suche ein Buch.*« Es handelt sich dabei um eine völlig normale Eingangsformulierung, wie wir sie selber benutzen, wenn wir beispielsweise ein paar Schuhe suchen. Auf die Frage einer höflichen Bedienung im Schuhgeschäft antworten wir schließlich manchmal auch mit »*Ich suche ein paar Schuhe.*« Wie geht es nun weiter?

Kaufmotive

Warum betreten Kunden ein Geschäft? Ohne einen Anspruch auf Vollständigkeit zu erheben, widmen wir uns einigen ausgewählten Kaufmotiven. Da gibt es die klassische Unterscheidung zwischen Muss- und Kannkäufen oder – in anderer Wortwahl – zwischen Ziel- und Impulskäufen. Damit werden die Umsätze unterschieden, die auf der einen Seite der Erfüllung eines konkret vorhandenen Wunsches dienen und auf der anderen Seite Anregungen im Laden folgen. Die Grenze hierbei ist oft fließend. Denn es ist nicht einfach zu beantworten, ob ein Reiseführer wirklich der Information vor Ort dienen soll und daher gebraucht wird, oder ob er vielleicht nur aufgrund der Tatsache gekauft wurde, dass man beim Bummeln durch das Geschäft auf ihn stieß.

Entscheidend ist vielmehr die Beobachtung, dass sich viele Kunden erst im Ladenlokal – in der Marketingterminologie Point-of-Sale genannt – entscheiden, welches Produkt sie mitnehmen werden. Die Animationswirkung, die Übersichtlichkeit wird deshalb zur einer entscheidenden Erfolgsgröße. Bereits in den 1990er Jahren sorgte die Studie des Börsen-

vereins des Deutschen Buchhandels *Erfolgsfaktor zufriedene Kunden* für
Aufsehen. In ihr wurde u. a. ein besonderes Augenmerk auf den Bereich
der Geschenkekäufer gerichtet, wobei Geburtstage, Weihnachten und
Krankenhausaufenthalte unangefochten die Spitzengruppe der Kaufan-
lässe für Geschenke bildeten. Außerhalb des Weihnachtsgeschäfts liegen
die punktuell gemessenen Anteile der Geschenkekäufe bei rund 60 Prozent. Wird zudem der Eigenbedarf als Geschenk für sich selbst definiert,
haben wir es im traditionellen Fachhandel fast ausschließlich mit einem
Geschenkemarkt zu tun, was im wissenschaftlichen Sortiment und bei
berufsbezogenen Fachbüchern anders aussehen mag. Kunden brauchen
also Geschenkideen, denn sie haben in unserer Überflussgesellschaft in
der Regel zu wenig Phantasie, um ihre Wünsche eigenständig zu artiku-
lieren. Helfen Sie ihnen mit kreativen Empfehlungen. Zum einen über
eine attraktive Präsentation und zum anderen durch engagiertes Verkäuferverhalten.

Das Ziel eines kundenorientierten Gespräches ist es, so schnell wie
möglich das Motiv unseres Kunden zu ermitteln. Hierzu gibt es zwei
sehr einfache Standardfragen, die in zahlreichen Situationen angewandt
werden können. »*Für wen soll es denn sein?*« (offene Frage) oder auch
»*Für Sie persönlich oder ein Geschenk?*« (Alternativ- oder Entscheidungsfrage). Spielen wir die möglichen Szenarien einmal durch. Lautet
die Antwort beispielsweise »*Für meine Tante.*«, so ist die zu beschenkende Person schon einmal geklärt. Nun kann es jedoch heikel werden.
Nicht wenige MitarbeiterInnen im Buchhandel fragen bereits jetzt gezielt nach: »*Was liest sie denn gerne?*« oder auch »*Was hat sie denn zuletzt gelesen?*« So nachvollziehbar diese Fragen sind, um schnell An-
haltspunkte für die Buchpräsentation zu erhalten, so wenig kunden-
gerecht können sie sein. Setzen diese Fragen doch eine Kenntnis des
Käufers voraus, ob und gegebenenfalls was die zu Beschenkende gern
liest. Das Restrisiko besteht lapidar darin, dass unser Kunde unter
Druck gerät, weil er auf unsere Fachfrage keine adäquate Antwort weiß.
Auch die Frage nach dem Alter der Beschenkten führt uns nicht zwingend weiter.

> *Ermitteln Sie so schnell wie möglich die Kaufmotive*
> *Ihrer Kunden.*

Nachdem Sie ermittelt haben, für wen der Kaufwunsch gilt, erleichtern
Sie sich und dem Kunden die Arbeit mit der Frage »*Für welchen An-*

lass?« Jetzt wird das Kaufmotiv klar erkennbar. »*Meine Tante liegt im Krankenhaus!*« vermittelt Ihnen eindeutig die Szenerie, um die es geht. Aber Vorsicht! Die in unserem Kopf entstehende klare Bilderfolge hat den Nachteil, dass automatisch unsere eigene Vorstellungswelt aktiviert wird. ›Ältere Dame im Krankenhaus‹ bedeutet für viele, dass das gesuchte Buch nicht schwer auf der Bettdecke liegen darf. Auch die in der Regel äußerst knapp bemessenen Beistelltische bieten wenig Platz für große Bücher. Der obligatorische Blumenstrauß und andere Präsente haben den Platz im Regelfall schon belegt. In Bruchteilen von Sekunden sorgen diese Bilder für den naheliegenden Schluss: Ein Taschenbuch soll es sein. Auch wenn diese Gedankenkette folgerichtig erscheint, so kann sie grundlegend fehlerhaft sein. Denn das eigentliche Kaufmotiv hat uns der Kunde möglicherweise nicht verraten (und wird es auch nicht tun). Wenn es sich nämlich um eine Erbtante handelt, ist er mit dem Taschenbuch denkbar ungünstig bedient. Da muss es schon etwas Ordentliches sein. Eine *richtige* Buchausstattung mit einem gehörigen Imagevorteil. Die hohe Kunst besteht darin, die eigenen Assoziationen auszuklammern, und routiniert, d. h. professionell, noch ein, zwei Anschlussfragen zu stellen.

Lenken mit Entscheidungsfragen

Machen Sie weiter mit einer geschickten Entscheidungsfrage, beispielsweise »*Haben Sie schon eine Vorstellung oder soll ich Ihnen etwas zeigen?*« Wie bei allen gelungenen Entscheidungsfragen werden damit alle Eventualitäten abgedeckt. Die angenehme Wirkung von Entscheidungsfragen besteht ja gerade darin, dass der Gefragte die Entscheidung trifft und damit das Gespräch lenkt. Diese Wirkungsweise unterstützt somit die menschliche Neigung, dass die eigene Meinung und Entscheidung einem jeden Menschen am wichtigsten ist. Souverän steuert also unser Kunde mit seinen Antworten den Dialog. Antwortet der Kunde hierauf mit »*Ach, ich bin da ganz offen!*« haben Sie freie Bahn. Nächste Frage: »*Glauben Sie, dass Ihre Tante eher etwas Unterhaltsames haben möchte oder lieber ein Sachbuch?*« Auch hier entscheidet der Kunde nach seiner momentanen Stimmungslage. Bestätigt er die Unterhaltung oder den Begriff Unterhaltung, schreiten Sie gleich zur Tat.

Das erwähnte Gesprächsmodell können Sie auf viele andere Situationen übertragen. Nehmen Sie sich mit Ihrem Team die Zeit, klassische Situationen durchzuspielen. Legen Sie in den einzelnen Abteilungen standardisierte Entscheidungsfragen fest, die Ihnen auch in Stresssituationen einen schnellen Zugang zu den Kaufmotiven ermöglichen.

»Wie viel möchten Sie denn ausgeben?«

Vorsicht: *»Wie viel möchten Sie denn ausgeben?«* ist immer noch eine traditionelle Frage, die es den Mitarbeitern erlaubt, schnell und sicher in der genannten Preiskategorie zuzugreifen. Aus Kundensicht ist die Frage riskant, da sie nur ›sicher‹ beantwortet werden kann, sofern der Kunde mit einer festen Preisvorstellung das Geschäft betreten hat. Dies trifft jedoch erfahrungsgemäß nur im Ausnahmefall zu. Zudem stellt der Preis in aller Regel nur einen Vergleichsmaßstab dar.

Mit anderen Worten: Erst wenn ich das Produkt sehe, in der Hand halte und mit allen Sinnen bewerte, kann ich einen Preis einordnen. Im Umkehrschluss fällt es einem Kunden durchaus schwer, ohne Wahrnehmung eines konkret vorgelegten Produktes eine Preisvorstellung zu formulieren.

Geben Sie dem Kunden so schnell wie möglich ein Buch in die Hand.

Arbeiten in Dreier-Packs

»Ich zeige Ihnen mal zwei, drei Bücher, die mir persönlich gut gefallen haben.« ist eine sehr persönliche und zugleich kompetent wirkende Aussage. Beantwortet sie doch unbewusst ein ganzes Bündel unausgesprochener, manchmal auch ausgesprochener Kundenfragen: *»Was können Sie mir empfehlen?«*, *»Haben Sie das gelesen?«* oder *»Ist das empfehlenswert?«* – um nur ein paar aufzuzählen.

Wie viele Produkte werden gleichzeitig präsentiert? Hier hat sich bestätigt, dass die meisten Menschen bei drei Produkten zur Auswahl an die Grenzen einer differenzierten Wahrnehmung gelangt sind. Deshalb sollte man auch in Dreier-Packs arbeiten. Spätestens mit dem vierten Artikel steigt die Verwirrung beim Kunden und auch bei der Verkaufskraft. Machen Sie es Ihren Kunden leicht, indem Sie folgendermaßen vorgehen: Kann sich der Kunde unter den drei vorgelegten Artikeln nicht entscheiden und benötigt deshalb zur Entscheidungsfindung weitere Alternativen, so räumen Sie zuvor die bisher gezeigten drei Exemplare wieder weg – gemäß dem Sprichwort *Aus dem Auge aus dem Sinn!* Das ist ein wichtiges Detail für ein konzentriertes und effizientes Kundengespräch. Auf der einen Seite verhindern Sie die Informationsüberflutung durch eine Anhäufung verschiedener Produkte, auf der anderen Seite sorgen Sie mit der Wegnahme der Produkte für einen Verknappungseffekt. Durch das drohende Wegräumen provozieren Sie eine Reaktion des Kunden, die sich – wie häufig beobachtet – in einem »*Das erste können Sie schon mal draußen lassen!*« äußert.

Der souveräne Umgang mit dem Preis

Vergegenwärtigen Sie sich Ihren Verkaufsalltag und beantworten Sie die Frage, auf welche Ihrer Empfehlungen der überwiegende Teil der Kunden einsteigt. Sehr häufig ist es die erste Vorlage, das erste Produkt, das schließlich vom Kunden genommen wird. Wie kann man dieses Verhalten begründen? Zunächst ist es *Ihre* erste Wahl. Ihr Favorit gewissermaßen und diese unausgesprochene Wertung machen sich viele Kunden bewusst, alle anderen verarbeiten diese Vorgehensweise unbewusst. Ihre erste Wahl hat somit einen Qualitätsvorsprung. Auch der Kunde nimmt mit seinen Wahrnehmungskanälen das erste Produkt weit intensiver und umfassender wahr als alle anderen folgenden Produktalternativen. Hinzu kommt, dass nicht selten die erste Wahl von MitarbeiterInnen im Verkauf mit einem spürbar höheren Engagement präsentiert wird als das zweite, dritte und jedes weitere Buch.

Die erste Wahl hat somit einen Wettbewerbsvorsprung um die Gunst des Kunden. Damit kommen wir zu der Frage, in welcher Reihenfolge Produkte präsentiert werden sollen. Die Auswahl ist groß, die Ausstattung der Bücher oder was immer Sie im Sortiment führen ebenfalls. Nunmehr ist die Frage zu beantworten, ob es eine sinnvolle Faustregel gibt, mit welcher Preisklasse ein Gespräch gestartet werden soll. Wird dem Geschenke-Suchenden aus unserem Beispiel zuerst eine Preisklasse von – sagen wir – 19,99 € präsentiert, wird auch dieser Preis als erste Wahl akzeptiert. Bieten Sie als zweite Empfehlung ein höherpreisiges Buch mit beispielsweise 24,95 € an, so treten unterschwellig oder auch offen Widerstände gegen den höheren Preis zu Tage. Denn die erste Empfehlung lag preislich deutlich niedriger, sodass es nicht einsichtig ist, einen höheren Preis für die vermeintlich gleiche Leistung eines Produktes zu bezahlen, die allein darin besteht, einen Geschenkwunsch zu erfüllen. Damit gilt:

> *Mit Ihrer ersten Wahl bieten Sie den Kunden eine*
> *Orientierung.*

Von oben nach unten

Ganz offensichtlich fällt es den meisten Menschen schwer, von einem niedrigpreisigen Einstiegsangebot auf einen höheren Preis umzusatteln. Und wie verhält es sich im umgekehrten Fall? Legen Sie Ihren Kunden zunächst ein Buch mit einem Preis von 26,– € vor. Da Kunden Auswahl wünschen, werden Sie nicht immer mit dieser ersten Empfehlung einen Verkaufsabschluss erzielen. Das nächste Buch liegt dann bei 14,80 €. Eine denkbare dritte Variante auf einem noch niedrigeren Preis. Der Kunde hat jetzt die Chance, alle drei Buchausstattungen mit den dazugehörigen Preisen zu relativieren und einzuschätzen. Ohne den Kunden mit Fragen zu quälen, sprechen die Produkte für sich selbst.

Im Kopf des Kunden spielen sich turbulente Gedankengänge ab, die sich zu einer Entscheidung verdichten. Oft genug ist es tatsächlich das hochpreisige Buch, dessen Preis-Leistungs-Verhältnis im Vergleich zu den anderen Varianten am eindrucksvollsten erscheint. Ist der Kunde jedoch nicht bereit, den höchsten Preis zu akzeptieren, kann er sich zwanglos und ohne Gesichtsverlust für eine andere Variante entscheiden. Der Abstieg von einem hohen Einstiegspreis auf einen niedrigen ist für Kunden bedeutend einfacher zu vollziehen als die Steigerung von einem niedrigen Einstiegspreis auf einen höheren. Aus psychologischer Sicht verliert der Kunde seine freie Wahl, sobald Sie mit dem niedrigpreisigen Produkt starten. Denn die suggestive und prägende Wirkung Ihres Verhaltens beraubt ihn seiner Entscheidungsmöglichkeiten.

> *Starten Sie Ihre Präsentation grundsätzlich mit höher-*
> *preisigen Produkten.*

Aus dem Gesagten ergibt sich in der Tat eine Faustregel: Starten Sie grundsätzlich Ihre Präsentation mit höherpreisigen Produkten – nicht umgekehrt. Oder populär ausgedrückt: **Die Treppe wird von oben nach unten gekehrt.** Achten Sie bitte auch auf eine verbindliche Wortwahl und nicht auf eine abschreckende. Eine verbindliche Variante haben wir bereits vorgestellt: »*Ich zeige Ihnen jetzt einmal zwei, drei Bücher, die mir persönlich gut gefallen haben.*« Anschließend wird mit der hochwertigen Ausgabe begonnen und nach dem Treppenreinigungsprinzip die Präsentation durchgeführt.

Für die Experimentierfreudigen gibt es noch einen interessanten Praxistest. Voraussichtlich werden Sie in der Erkenntnis bestätigt, dass Kunden, die eher zu einer Niedrigpreisalternative neigen, auf die mittlere Preislage einschwenken, sobald Sie ein drittes Buch präsentieren. Faustregel: Präsentieren Sie drei Produkte.

Preisvarianten

Vermeiden Sie die häufig benutzte Formulierung »*Als Taschenbuch oder gebunden?*« Zum einen können längst nicht alle Kunden mit diesen Fachtermini etwas anfangen. Des Weiteren ist die Reihenfolge der angebotenen Produkte kontraproduktiv. Erinnern Sie sich, dass die erste Botschaft intensiver wahrgenommen wird als die zweite. Also stellen Sie diese Frage – wenn überhaupt – wie folgt: »*Darf ich Ihnen die gebundene Version zeigen, oder suchen Sie lieber ein Taschenbuch?*« Populär ist auch die Formulierung »*Ich zeige Ihnen unsere Geschenkausgabe.*« – und im Anschluss daran »*Das Taschenbuch sieht übrigens so aus.*«.

Beobachtungen bestätigen immer wieder, dass Kunden, die sich in ungestörter Selbstbedienung frei entscheiden können, häufiger zu hochpreisigen Büchern greifen als sie es im persönlichen Beratungsgespräch tun. Im Klartext verhält es sich also so, dass Kunden, die ungestört entscheiden können, eher hochwertige Produkte kaufen. Dieselben Kunden erwerben hingegen unter dem Einfluss des ›kompetenten‹ Beratungsgespräches geringwertigere Buchausstattungen.

Ziehen wir an dieser Stelle einen Schlussstrich unter das kontraproduktive und nicht kundenorientierte Verhalten der Vergangenheit. Grundsätzlich und nicht ausnahmsweise gilt die Regel: Hochwertiges zuerst!

Preisspreizung

Ein Exkurs in die imagebesetzte Einzelhandelswelt der Juwelen oder auch schon der hochwertigen Schreibgeräte. Aufgrund der hohen Preisspreizung, d. h. dem Unterschied zwischen einer typisch niedrig- und typisch hochpreisigen Ware, kann ein zu hoher Einstiegspreis den Kunden auch unter Druck setzen. Wenn beispielsweise eine Sonderedition eines führenden Füllhalterherstellers mit rund 700,– € präsentiert wird, und das mit den Worten begleitet wird »*Für jemanden wie Sie kommt eigentlich nur dieses Modell in Frage!*« verursachen wir ungute Gefühle. Eine solche Aussage mag zwar in schmeichelnder Absicht abgegeben worden sein, setzt unseren Kunden allerdings unter Druck. Ohne Gesichtsverlust kann er sich kaum zu einer niedrigpreisigen Variante durchringen.

Wenn man sich die Preise der Publikumsverlage anschaut, liegt im Buchhandel die Preisspreizung zwischen 30,– € am oberen und unter 10,– € am unteren Ende. Damit kann man sie – verglichen mit den Preisen anderer Branchen – als verhältnismäßig gering einstufen. Hinzu kommt der Gesichtspunkt, dass erfolgreiche Buchhandelsunternehmen die Buchbranche ohnehin als Genuss- oder Luxusmarkt einstufen. In der Welt des Genießens und des Luxus steht das Lebensgefühl im Mittelpunkt, während der Preis in die zweite Reihe rückt. ›Hochwertiges zuerst‹ ist also eine Routine mit großen Chancen und kleinen Risiken.

Kunden sagen oft nicht, was sie denken

Hartnäckige Zweifler, denen diese Sicht der Dinge zu oberflächlich vorkommt, führen Kundenaussagen ins Feld, die ein preisdefensives Verhalten am Leben erhalten: »*Ganz schön teuer!*« oder »*Ihr habt ja Apothekerpreise hier!*« repräsentieren typische Antworten. Bitte merken Sie sich, dass Kunden nicht immer sagen, was sie denken. Was ist damit gemeint? Menschen benutzten sehr häufig eingeprägte Satzsequenzen, die nicht zwingend die originäre Wortbedeutung widerspiegeln. »*Bedient hier eigentlich keiner?*«, ist beispielsweise kein Affront gegen bedienungswillige MitarbeiterInnen, sondern die verunglückte sprachliche Version von »*Ich brauche Hilfe!*«. Und ein »*Ist das alles, was Sie haben!*« ist keine Kritik an einem zu sehr ausgedünnten Präsenzlager, sondern in der Regel die Aufforderung an die MitarbeiterInnen »*Bitte zeigen Sie mir noch mehr, damit ich mir ein Bild machen kann.*«

So gesehen, gibt es verschiedene Interpretationsmöglichkeiten der Aussage »*Ganz schön teuer!*«:

- »Ganz schön teuer!« = »*So viel wollte ich nicht ausgeben.*« In diesem Falle sagt der Kunde, was er denkt.
- »Ganz schön teuer!« = »*Ich verstehe den Preis noch nicht.*« In diesem Falle bittet der Kunde, dass die Buchhändlerin/der Buchhändler ihm den Preis erklären möge.
- »Ganz schön teuer!« = »*Bitte zeigen Sie mir andere Bücher in anderen Preislagen, um das Preis-Leistungs-Verhältnis abzuwägen.*« In diesem Falle will der Kunde sich auch wirklich etwas leisten, und das Buch darf dementsprechend etwas kosten.

> *Vergessen Sie nie: Kunden sagen oft nicht,*
> *was sie denken.*

In einem Kundengespräch werden wir die tatsächlich gemeinte Bedeutung schwerlich herausfinden. Statt dessen übergehen wir die Aussage des Kunden und legen freundlich und engagiert ein anderes Produkt einer niedrigeren Preisstufe vor. Sie lassen die Ware für sich sprechen und brauchen sich nicht in einen Dialog zu quälen und schon gar nicht den Preis rechtfertigen.

Im Übrigen ist es so, dass kein Mensch auf dieser Erde belehrt werden möchte. Ein Hauch von Überheblichkeit schwingt mit, wenn dann tatsächlich der als hoch empfundene Preis als der noch angemessene verkauft werden will, indem Belehrungen angebracht werden à la »*Überlegen Sie doch mal, wie schnell 25,– € für ein Essen ausgegeben sind. Das Buch ist doch viel wertbeständiger.*« Respektieren Sie die Antworten Ihrer Kunden in jedem Fall. Gehen Sie nicht auf destruktive Gespräche ein, sondern versuchen Sie, den Kunden über die Auswahl der Bücher zu seiner eigenen Überzeugung zu verhelfen.

Zusatzwünsche erfüllen – das Dessert

Der etablierte Begriff ›Zusatzverkauf‹ löst bei vielen Buchhändlern negative Assoziationen aus. Aufdringlichkeit, dem Kunden das Geld aus der Tasche ziehen, sind gängige Interpretationen. Aber wenn wir auf die Suche nach alternativen, positiv besetzten Begriffen gehen, kommen wir auf gastfreundliche Formulierungen: für Kunden mitdenken, Kunden inspirieren, aufmerksam sein, Zusatzinformationen geben, die der Kunde einfach nicht hat. All dies sind akzeptable Varianten einer gelebten Gastfreundschaft.

Oder noch anders ausgedrückt: Den Kunden ermutigen, sich mit Möglichkeiten zu beschäftigen, von deren Existenz er (bislang) keine Ahnung hatte. Machen Sie dieses Thema zum Alleinstellungsmerkmal Ihrer Buchhandlung. Denn weite Landstriche der Handelswelt sind auf diesem Gebiet weitgehend inaktiv.

> *Inspirieren Sie Ihre Kunden. Denken Sie für sie mit. Geben Sie Zusatzinformationen.*

Lesezeichen & Co.

Je höher der Durchschnittsumsatz eines Kunden in einem Fachgeschäft ist, desto stärker ist dessen Überzeugung von der Leistungsstärke des Geschäfts und umso größer ist seine Zufriedenheit. Je geringer der durchschnittliche Kaufbetrag ist, desto entbehrlicher ist der kommende Besuch. Kunden begrüßen es, wenn für sie mitgedacht wird und über das Mindestmaß an traditionell erlernter Dialogbereitschaft Engagement demonstriert wird. Kommen wir zurück zu unserem Beispiel, in dem der Kunde für seine Tante einen Roman ausgewählt hat. Die Entscheidung ist gefallen, der Kundenwunsch erfüllt. Viele BuchhändlerInnen beenden hier ihre Verkaufsbemühungen und schließen bestenfalls mit dem Angebot, das Buch attraktiv zu verpacken. Ein obligatorisches Lesezeichen gehört dazu.

Engagierte BuchhändlerInnen hingegen, die mit Esprit und Lebensfreude ihre Kunden bedienen, lassen es sich an dieser Stelle nicht nehmen im Sinne des Gastgeberbildes nachzuhaken: Wird mit *»Darf ich noch ein Glas einschenken?«* zu Hause Aufmerksamkeit und Konsumfreude stimuliert, heißt das im Verkaufsalltag *»Haben Sie darüber hinaus noch einen Wunsch?«* Für den Fall des Schenkenden *»Haben Sie persönlich noch einen Wunsch?«* Einfacher lassen sich derartige Fragen nicht stellen. Häufig genug springen Kunden auf diese Geste an und antworten beispielsweise mit *»Ja, wo finde ich denn Ihre Wirtschaftsbücher?«* oder *»Gut, dass Sie mich erinnern, ich brauche ja noch einen Reiseführer für die Ferien!«* Oder die Frage wird mit *NEIN* quittiert, analog des *»Nein, ich habe auf Ihrer Party schon reichlich zugelangt.«* In beiden Fällen ist das abschlägige *NEIN* unkritisch, weil es das Ende eines normalen und höflichen Dialoges signalisiert.

> *Gestalten Sie das Einkaufserlebnis lustbetont*
> *und spielerisch.*

In manchen Betrieben gilt es als Standard, bei einem Geschenk die Frage anzuhängen *»Darf ich Ihnen noch eine Grußkarte zeigen?«* Das alles vollzieht sich unter dem Servicegedanken. Zusatzwünsche erfüllen ist eben Service. Kann sich in einer anderen Situation ein Kunde nicht zwischen zwei Büchern entscheiden, trifft die kesse Aufforderung *»Nehmen Sie doch beide!«* oftmals ins Schwarze. Lassen Sie nicht den geringsten Zweifel zu, dass das Einkaufserlebnis in Ihrem Haus lustbetont ist und spielerisch leicht erfolgt.

Bestellen oder Alternativen zeigen

»Ich suche einen Radwanderführer um den Bodensee!« ist eine dankenswert eindeutige Wunschformulierung. Sollten Sie entsprechende Titel nicht vorrätig haben, sind auch Alternativangebote aus naheliegenden Gründen nicht sinnvoll. Der Kunde wird sein Reiseziel sicher nicht mit Blick auf die bei Ihnen vorzufindenden Sortimentsschwerpunkte ändern. Statt dessen wird umgehend Ihr Bestellservice angeboten, um Ihren Kunden schnellstmöglich zu bedienen. Aber achten Sie dabei auf Ihre Wortwahl. Wie häufig hören aufmerksame Zuhörer immer noch die wenig erfreulichen Standardsätze: *»Haben wir nicht!«* oder *»Ich müsste es Ihnen bestellen!«* Auch in einem netten Ton vorgetragen sind diese Formulierungen alles andere als optimal.

»Haben wir nicht!« verarbeitet der Kunde als *»Haben wir grundsätzlich nicht!«* Die Leistungsfähigkeit der Buchhandlung wird damit in Zweifel gezogen. Durch eine kleine Ergänzung lässt sich der Tenor der Aussage beträchtlich verbessern: *»Haben wir **zur Zeit** nicht vorrätig!«* oder *»Haben wir **momentan** nicht am Lager!«* signalisiert dem Kunden, dass seine Wahl zu Ihnen zu kommen, richtig war, nur eben der Zeitpunkt unglücklich gewählt ist.

»Ich müsste es Ihnen bestellen!« ist eine inflationär gebrauchte Formulierung, die im besten Falle Ausdruck einer gequälten Dienstleistung ist.

MÜSSTE als Steigerungsform von *müssen*. Gewissermaßen »*Wenn es denn gar nicht geht, mache ich es für Sie!*« – »*Darf ich es Ihnen bestellen?*« klingt hingegen schon wesentlich gastfreundlicher. Unübertroffen jedoch ist die Aussage »*Ich bestelle es Ihnen gern*«. Es wird keine Frage mehr zugelassen, sondern mit leichter Autorität entschieden »*Ich tue es für Sie – und zwar gern.*« Nehmen Sie sich doch in Ihrem Hause einmal vor, eine Woche lang bewusst auf den Einsatz des Zauberwörtchens ›gern‹ zu achten. »*Ich frage gern einmal meine Kollegin*«, »*Ich schaue gerne einmal für Sie nach*«, »*Ich rufe Sie gerne zurück*« usw. Diese Grundformen des höflichen Sprachgebrauches sind selten geworden. Kundenbindung durch das Antrainieren dieser auf Respekt und Akzeptanz ruhenden Wörter ist auf diese Weise leicht möglich.

»Schaun mer mal«

Wechseln wir nun das Kaufmotiv. Immer dann, wenn der Kunde nicht ein präzises Reiseziel oder einen Lieblingsautoren oder einen aktuellen Spitzentitel möchte, sondern sich eher vage nach einem Themengebiet erkundigt, haben Sie gute Möglichkeiten, Alternativen anzubieten. Bitte berücksichtigen Sie, dass die beste aller Dienstleistungen darin besteht, dass der Kunde hier und jetzt mit einem gekauften Buch die Buchhandlung verlässt. Ein Buch zu bestellen, ist aus logistischer Sicht eine Glanzleistung. Aus Kundensicht häufig mit einer kleinen Enttäuschung verbunden. Wie gehen Sie also vor?

Der Fall: Eine Kundin tritt auf Sie zu und bezieht sich auf die am Vortag ausgestrahlte Talkshow, in der ein Gast sein neues Buch zum Thema *Frühjahrsdiät* vorgestellt hat. Die Kundin füttert Sie mit präzise aufgenommenen Daten wie Buchtitel, Autor(in) und vielleicht sogar dem Verlag. Ist der Titel nicht vorrätig, wird in zahlreichen Unternehmen der sofortige Gang zum PC mit Titelrecherchen und anschließender Bestellung registriert. Der Gang zum PC ist verständlich, da die Bibliografie routinemäßig rasch und von Erfolg gekrönt vonstatten geht und der Kundenkontakt verkürzt werden kann. Ein konsequent kundenorientiertes Verhalten sieht allerdings etwas anderes vor.

Unter dem Arbeitstitel »*Schaun mer mal*« gehen Sie mit der Kundin ans Regal. Denn Sie sollten so schnell wie möglich an die Ware gehen, um Kontakt mit der Ware zu erzeugen. Im entsprechenden Sachgebiet angekommen, zeigen Sie der Kundin einen bei Ihnen bevorrateten Titel zum

Thema *Frühjahrsdiät.* Dabei begleiten Sie Ihr Vorgehen mit den Worten »*Genau den Titel, den Sie wünschen, haben wir im Augenblick nicht vorrätig, aber wenn ich Ihnen dieses Buch einmal zeigen darf. Es behandelt die gleichen Themen und ist seit Jahren geradezu ein Klassiker. Möchten Sie mal reinschauen?*«

Die Reaktion der Kundin hängt unter anderem davon ab, wie mediengläubig sie ist. Bestimmte Kundenkreise, die sich von Medien stark beeinflussen lassen und den beispielsweise in einer Talkshow ausgesprochenen Empfehlungen absoluten Charakter zuweisen, lassen sich auf eine Alternative nicht ein. Sie bestehen auf der Erfüllung ihres ursprünglichen Wunsches. Aufgeschlossene Kunden hingegen öffnen sich der buchhändlerischen Empfehlung und sind für Alternativangebote dankbar.

> *Nutzen Sie Alternativangebote,*
> *um spontane Kaufbereitschaft zu erfüllen.*

Die Verabschiedung

Die Verabschiedung und das Bezahlen fallen vom Zeitpunkt her häufig zusammen. Wie auf Ihrer privaten Party kommt der Verabschiedung eine ritualisierte Bedeutung zu. Das Fest wird geschlossen, es gibt die intensive Möglichkeit, sich gegenseitig Dank auszusprechen, und durch Händedruck, Blickkontakt sowie Umarmung wird der letzte wichtige Eindruck auf den Weg gegeben. Die hier geschilderte Bedeutungsschwere kann uneingeschränkt auf das Ladenlokal übertragen werden. »Der letzte Eindruck ist so wichtig wie der erste.«, »Mit der Verabschiedung beginnt die Nachbetreuung.« und ähnliche Aussagen zeigen die Wichtigkeit einer gelungenen Verabschiedung. Sie ist in der Tat eine der entscheidenden Schlüsselsituationen, um das Image eines Unternehmens zu fördern oder zu beschädigen. Auch an der Kasse gilt: erst anschauen, dann reden. Selbst wenn der Kunde Ihren Blick nicht erwidert, so können Sie doch von der gespürten Wirkung Ihres Blickes ausgehen, und die Chance für eine empfundene Höflichkeit ist gewahrt.

> *Der letzte Eindruck prägt.*

Kleine Gesten

Häufig sind es wieder die kleinen aufmerksamen Gesten, die zu einer langfristigen Kundenbindung beitragen. Jeder Mensch will bestätigt werden. Das ist gewissermaßen ein Grundbedürfnis, das auf mannigfaltige Art und Weise erfüllt werden kann. Neben einem aufmunternden Lächeln oder Zunicken sind es die verbalisierten Bestätigungen, die uns hier beschäftigen. »*Mir hat das Buch auch gefallen.*« oder »*Damit werden Sie viel Freude haben.*« sind gängige Bestätigungsformen, die die Kunden einbinden und zugleich in ihrer Kaufentscheidung stärken. »*Viel Vergnügen bei der Lektüre.*«, »*Viel Freude beim Lesen.*«, »*Sagen Sie mir bei Gelegenheit, wie es Ihnen gefallen hat.*« sind geradezu persönliche Zuwendungen. »*Gute Reise!*«, »*Schönen Urlaub!*«, »*Gute Erholung!*« für den Reiseführer-Kunden, »*Viel Erfolg!*« für das breite Spektrum der Ratgeber, beginnend von Bewerbungsbüchern, Geldanlage bis hin zu Sportbüchern. Und zum Schluss »*Viel Spaß beim Schenken!*« Schließlich werden über die Hälfte aller gekauften Bücher anschließend verschenkt.

Menschen sind verschieden. In Naturell, Charakter, Persönlichkeitstyp und in ihren Lebensläufen. Folgen Sie daher Ihrem Bauchgefühl, welche Kunden Smalltalk einfach zum Wohlfühlen brauchen und bei welchen es kontraproduktiv erscheint. Welche Kunden sind für Ihre persönlichen Empfehlungen offen und bei welchen Kunden stößt genau das auf Desinteresse? Zum Thema Persönlichkeitsentwicklung und Verhaltenstendenzen gibt es einschlägige Literatur und auch Seminare beim Autor dieses Buches, um differenziert und damit auch professionell mit den verschiedensten Menschentypen umzugehen.

Die Gastgeber meistern Schwierigkeiten

Partys laufen normalerweise störungsfrei ab. Im betrieblichen Alltag wird dagegen regelmäßig ein Publikumsverhalten spürbar, das selbst engagierte Gastgeber überfordert oder ganz einfach nervt. Ein souveränes Auftreten ist aber gerade in schwierigen Situationen gefragt, um die Party am Laufen zu halten. Denn die im Vergleich zur großen Menge der angenehmen Kunden winzige Gruppe der unbequemen Kandidaten darf die Stimmungslage des Events nicht beeinträchtigen.

Reklamationen und Beschwerden

Reklamationen und Beschwerden sind unangenehm. Das ist völlig normal, denn sie stellen – ob berechtigt oder nicht – eine Kritik an der gebotenen Leistung dar. Eine Reklamation an der Sache zu erkennen und nicht als Kritik an der dahinter stehenden Person zu verstehen, ist die Herausforderung im Umgang mit reklamierenden Kunden. Aus Kundensicht ist die Reklamation eine der zunehmend entscheidenden Schlüsselsituationen, an denen der Kunde seine zukünftige Kaufbereitschaft ausrichtet. Aus den USA berichtet Faith Popcorn in ihrem Buch *Evalution*, dass rund 90 Prozent aller unzufriedenen Kunden nicht reklamieren. Der Mega-Trend Bequemlichkeit grassiert auch diesseits des Atlantiks, und es kann von einem ähnlich hohen Wert hier zu Lande ausgegangen werden. Vordergründig zwar angenehm, bei tiefgehender Betrachtung jedoch problematisch. Geben uns diese Kunden doch keinerlei Hinweise auf Verbesserungsmöglichkeiten und keine Gelegenheit, uns nachträglich für ihre Zufriedenheit einzusetzen. Jeder unzufriedene, nicht reklamierende Kunde ist somit ein Problem. Umkehrschluss: Jeder reklamierende Kunde ist eine Chance! Denn er signalisiert uns sein Interesse, auch weiter mit uns zusammenarbeiten zu wollen.

Das Spannungsfeld sieht also folgendermaßen aus. Einerseits – auf einer rationalen Ebene – wird eine Reklamation als Chance gesehen, müsste von Ihnen also geradezu freudig begrüßt werden. Andererseits ist eine Reklamation eine unerfreuliche Störung des auf Reibungslosigkeit ausgerichteten Tagesablaufs und ist praktisch eine Kritik. Kritik jedoch führt reflexartig zu einer Abwehrhaltung. Eine Erklärung für diese Abwehrhaltung ist auf der einen Seite eine zunehmende Personalausdünnung in Großbetrieben und die damit zusammenhängende wachsende Stressanfälligkeit. Auf der anderen Seite wird von MitarbeiterInnen im Verkauf beklagt, dass nicht jede Kritik in einem verbindlichen Ton vorgetragen wird, sondern viel mehr von einer aggressiven Grundhaltung getragen wird.

> *Nehmen Sie Reklamationen nicht persönlich, sondern nutzen Sie sie als Chance, um Ihre Kunden zu verstehen.*

Wie kann diese unterschwellige Aggression erklärt werden? Wenn tatsächlich nur rund 10 Prozent der unzufriedenen Kunden ihrem Unmut Luft machen und sich möglicherweise – die Chancen stehen dafür gut – an ihre jüngsten unerfreulichen Reklamationserfahrungen erinnern, stellen sie sich innerlich auf eine Auseinandersetzung ein. Viele Kunden sind ein kulantes und schnelles Entgegenkommen und Großzügigkeit nicht gewohnt. Haben Sie also grundsätzlich Verständnis für Ihre Kunden und unterstellen Sie nicht ungehobeltes Benehmen. Doch wie können Reklamationen und Beschwerden konstruktiv gelöst werden?

Die sachlich begründete Reklamation

Ist ein Buch schlecht gebunden oder weist es andere Spuren eines Defektexemplars auf, oder kleckst ein Füllhalter, wird das Produkt anstandslos zurückgenommen. Bei Bedarf wird das Geld ausgezahlt. Ob dabei der Einkaufsbeleg vorgelegt werden muss oder nicht, obliegt der Firmenphilosophie. In Zeiten wachsender Großzügigkeit verlangen immer weniger Betriebe die Vorlage des Originalbeleges. Supermärkte, Baumärkte und zahlreiche Fachhandelsgeschäfte haben hier bereits einen Standard gesetzt.

Ausnahmslos bittet der Gastgeber beim Kunden um Entschuldigung. Auch, wenn er für den Produktschaden nicht verantwortlich ist. Denn das

Produkt wurde in seinem Geschäft gekauft, und er trägt somit die verlängerte Verantwortung für die Unversehrtheit der erworbenen Erzeugnisse.

Das Geschenk hat nicht gefallen

Ein Kunde bringt das Geschenk zurück, das entweder doppelt verschenkt wurde oder nicht gefiel. Wenn bereits beim Verkauf ausdrücklich auf die Umtauschmöglichkeit, respektive Rückgabe, hingewiesen wurde, sind Sie ohnehin an diese Zusage gebunden. Was aber, wenn es sich bei dem ausgewählte Stück um ein nicht lagergängiges Buch oder einen Exoten handelt? Hier gilt wie in vielen Fällen eine einzige Spielregel für kundenorientierte Betriebe: Im Zweifel für den Kunden! Jede Auseinandersetzung mit dem Kunden führt zu einer Beschädigung der Kundenbeziehung, unterbricht möglicherweise dauerhaft die Umsatzleistung mit diesem Kunden, und die Außenwirkung ist fatal. Nicht nur die umstehenden Gäste im Betrieb werden leidende Zeugen dieses Dramas, auch Sie und Ihre MitarbeiterInnen unterliegen einer solchen Auseinandersetzung. Eine etwaige negative Mundpropaganda außerhalb des Geschäftes ist ebenfalls nicht auszuschließen. Gehen Sie großzügig mit dem Anliegen Ihrer Kunden um, entstressen Sie somit sich selbst, den Kunden und alle anderen Kunden, und betrachten Sie den für Sie entstandenen Schaden als gelungene Werbemaßnahme für die Bindung eines Kunden.

Mit jeder Auseinandersetzung beschädigen Sie die Beziehung zu Ihren Kunden.

Wenn Sie auf dem Gebiet der extremen Großzügigkeit Erfahrungen sammeln wollen, bietet sich ein kontrollierter Testlauf an. Nehmen Sie sich einen Zeitraum von ca. sechs Wochen vor und seien Sie in dieser Phase extrem kundenfreundlich und erfüllen Sie jeden Reklamationswunsch Ihrer Kunden. Notieren Sie sich hierbei lückenlos das Datum, den Anlass und den materiellen Gegenwert. Nach Abschluss der Testphase vergleichen Sie die in dieser Zeit aufgelaufenen Reklamationen mit den Gesamtumsätzen im gleichen Zeitraum. In aller Regel lässt sich das Reklamationsvolumen nicht einmal im Prozentbereich ausdrücken.

Entscheiden Sie dann sehr sachlich und nüchtern und keinesfalls emotional, wie Sie mit diesen Ergebnissen in Zukunft verfahren wollen.

›Kulanz bis zum Rand‹ ist eine in der Tat bewährte großzügige Ausle-
gung des Verhältnisses von Gast und Gastgeber im Alltag. Sie schonen
Ihre Kräfte für Ihren Tagesbetrieb, der dann überwiegend ohne jede
Komplikation verläuft.

Der Härtefall – oder Kulanz bis zum Rand

Ein Härtefall stellen Bücher dar, die nicht bei uns gekauft wurden. Um
es kurz zu machen: Hier bleibt ebenfalls die Feststellung, dass das
kundenorientierte Unternehmen auch in diesen Fällen alles für den
Kunden tut – und zwar aus den gleichen Überlegungen wie sie in den
letzten Absätzen formuliert worden sind. Ein populäres Beispiel hierfür
ist das Möbelhaus IKEA, das ein lebenslanges Rückgaberecht seiner
Produkte gleichermaßen propagiert, nachweislich zugesteht und einhält.
Auch andere Dienstleistungsunternehmen fahren mit dieser bedin-
gungslosen Kulanz gut. Befürchtungen, dass diese Umgangsformen einen lawinenartigen Missbrauch nach sich ziehen, haben sich definitiv
nicht bestätigt.

Daneben werden eine Reihe sehr differenzierter Modelle im Handel
praktiziert. Eine der gängigen Verfahrensweisen besteht darin, zwar jedes Produkt zurückzunehmen, aber nur in verkaufsfähigem Zustand.
Das Problem besteht allerdings darin, dass diese Haltung nicht jedem
Kunden gegenüber durchgehalten wird. Immer dann, wenn Serviceleistungen nur eingeschränkt erbracht werden, entsteht eine Zwei-Klas-
sen-Kundschaft. Der typische Stammkunde mit einem persönlichen
Draht zur Unternehmensleitung erhält selbstverständlich die großzü-
gigsten aller Kulanz-Maßnahmen. Otto Normalverbraucher hingegen
muss sich mit der eingeschränkten Kulanz zufrieden geben. Natürlich
kann man mit einem derartigen Zustand leben. Die Tragweite dieses
Verfahrens liegt jedoch in einer nicht unerheblichen Verunsicherung des
gesamten Teams. Wann darf kulant reagiert werden? Wann nicht? Und
wer ist im Zweifel der Ansprechpartner, der die Entscheidung treffen
kann?

Aus all diesen Überlegungen resultiert die Empfehlung, die Kulanzregeln
so einfach und durchgängig wie nur irgend möglich zu halten. ›Kulanz
bis zum Rand‹ ist die bildhafte Haltung, die für eine extreme Kundenorientierung spricht.

Ansichtsbestellungen

Was ist mit Ansichtsbestellungen? Bevor Sie hier Vermutungen anstellen, die Sie in eine falsche Richtung locken, gehen Sie sachlich-professionell das Thema an. Erheben Sie für einen Messzeitraum, der wiederum vier bis acht Wochen betragen kann, alle Ansichtsbestellungen, und registrieren Sie alle Unannehmlichkeiten, die daraus entstehen. Quantifizieren Sie das Problem im Detail. Anschließend interpretieren Sie die Daten und treffen eine Entscheidung, ob Sie Ansichtsbestellungen auf ein oder zwei Exemplare je Kunde limitieren oder überhaupt nicht mehr durchführen oder nur gegen eine Ansichtsgebühr, die bei späterem Kauf verrechnet wird etc. Es gibt vielfältige Möglichkeiten.

Beschwerden am Abholfach

Die Situation ist allen bekannt. Ein bestelltes Buch ist nicht eingetroffen und der Kunde verärgert. Bitte stellen Sie sich vor, dass hinter jeder Form der Beschwerde und Reklamation eine Enttäuschung steht. Ähnlich wie die Enttäuschung bei Kindern, wird der Kunde erst über Trost und Anbieten einer Lösung ernst genommen. Reklamierende Kunden verhalten sich oft wie Kinder. Bleiben wir beim Abholfach. Um Trost zu spenden und Solidarität bzw. Beistand zu zeigen, erfolgt die Kundenbetreuung nach einem eingeübten Ritual.

Phase 1: Der Kunde darf ausreden, und Sie hören aufmerksam zu. Wenn Sie im vorauseilenden Gehorsam Ihre Servicebereitschaft anbieten *(»Sobald das Buch da ist, werden wir Sie benachrichtigen und ...«)*, nehmen Sie dem Kunden die Möglichkeit, sich sprichwörtlich auszuweinen. Üben Sie sich in Geduld und perfektionieren Sie Ihre Gesprächstechnik des aufmerksamen Schweigens. Hat der Kunde zu Ende gesprochen, warten Sie noch demonstrativ 2 bis 3 Sekunden und lassen in der so entstehenden Stille die Worte des Kunden wirken. Beiderseitige Aufmerksamkeit für das, was jetzt kommt, wächst zudem.

Phase 2: Sie entschuldigen sich mit Worten wie *»Es tut mir leid.«* oder *»Ich bitte um Entschuldigung.«* Diese Grundformen der Höflichkeit fehlen heute auffallend oft im Verhaltensrepertoire vieler Menschen. Üben Sie sich darin, und Sie sind ein Stück weiter auf dem Weg zur emotionalen Intelligenz.

Phase 3: Solidarisieren Sie sich vollständig mit dem Kunden: »*Ich kann Sie gut verstehen.*« oder »*Ich kann Ihren Ärger gut verstehen.*« oder »*Ich an Ihrer Stelle wäre auch sauer.*« etc. Mit diesen Formulierungen tragen Sie aktiv zur Deeskalation der Situation bei.

Phase 4: Sie bieten eine Lösung an. Erst hier, nach vollzogenem Beistand und Verarbeitung der empfundenen Trauer, ist der Kunde für Ihre Dienstleistung empfänglich. Sichern Sie zu, sich persönlich um die Lieferung zu kümmern und ihn gegebenenfalls umgehend zu benachrichtigen. Beachten Sie, dass zugesagte Rückrufe termingerecht stattfinden.

Nehmen Sie Ihre Kunden über Trost und Anbieten einer Lösung ernst.

Fußangeln

Der Kunde sorgt mit unbedachten Äußerungen für eine spontane Abwehrhaltung in uns. »*Sie haben es mir fest versprochen!*« kann als Behauptung nicht widerlegt werden, obwohl in Ihrem Hause möglicherweise die klare Anordnung besteht, derartige Zusagen nicht zu machen. Sie werden den Kunden nicht vom Gegenteil überzeugen können. Vielleicht hat auch eine Kollegin eine Formulierung benutzt, die beim Kunden in dieser Weise ankam. Übergehen Sie sie, und sorgen Sie mit den obenstehenden Solidaritätsbekundungen dafür, dass der Kunde zugänglich bleibt.

Wenn Sie ›bockig‹ werden – beispielsweise mit den Worten »*Solche Zusagen machen wir grundsätzlich nicht.*« – führt es zu dem vorhin beschriebenen Prinzip der Verstärkung, nach dem die jeweilige Meinung zementiert und eine gemeinsame Lösung fast unmöglich wird. Auch eine Formulierung wie »*Früher hat das alles geklappt.*« wirkt selbstverständlich als Provokation, kann aber von Ihnen nicht konstruktiv begegnet werden. Vermeiden Sie jede Form des Recht-Haben-Wollens. Noch einmal gilt die Aussage, dass Sie provokante Äußerungen des Kunden überhören, übergehen, um mit einem sanften Themenwechsel die Initiative des Gespräches wieder zu erlangen. »*Ich sehe jetzt einmal, was ich für Sie in dieser Sache tun kann.*« ist ein solches Beispiel.

Umgang mit Stresskunden

Greifen wir noch einmal das Thema Recht-Haben-Wollen auf. Ein selbstsicherer Kunde behauptet, dass die Hauptstadt seines Reiselandes Namibia Kinshasa sei. Ein aufmerksamer Buchhändler erkennt die Falschaussage und reagiert reflexartig mit einer Aufklärung. »*Sie meinen doch sicher Windhouk?*« ist die nachvollziehbare und höflich vorgetragene Korrektur. Der unerschütterliche Kunde hält dagegen: »*Kinshasa ist schon richtig, denn ich war ja schon mal da.*« An dieser Stelle ist es nur verständlich, dass der buchhändlerische Kollege einen Adrenalinschub verspürt, sich möglicherweise in seiner Berufsehre gekränkt fühlt und auf seinem Standpunkt beharrt. In dem konkreten Fall schreitet der Buchhändler zur Beweisführung und schlägt die entsprechenden lehrreichen Seiten eines Reiseführers auf. Sein Triumph währt nur kurz, denn der Kunde weist ihn ab mit der Bemerkung: »*Das ist ein Satzfehler, ich würde an Ihrer Stelle den Reiseführer nicht mehr verkaufen.*«

Kurios, belustigend und im konkreten Falle ärgerlich und demotivierend. Jeder kennt aus seinem beruflichen aber auch seinem privaten Alltag eine Fülle derartiger Situationen, in der sich zwei grundlegend verschiedene Ansichten nicht zusammenbringen lassen. Besonders reizbar sind Menschen dann, wenn sie selbst nachweisbar im Recht sind. Es ist eine natürliche und verständliche Reaktion, wenn dann ein Gesprächspartner nicht gern klein beigibt. Denn er hat ja Recht. Sie kennen aber auch die Situation, dass Menschen mit klarer Überzeugung im Regelfall nicht vom Gegenteil überzeugt werden können. Die gleichen Menschen sind es übrigens, die den rechthaberischen Dialog zu einem späteren Zeitpunkt rundheraus dementieren. So hätten sie das nie gesagt, es muss wohl eine Verwechslung vorliegen.

Menschen wollen bestätigt werden

So sind sie nun einmal, die Menschen, und wir gehören alle dazu. Jeder von uns erinnert sich an die ein und andere Begebenheit, in der er eine ursprünglich feste Überzeugung zu einem späteren Zeitpunkt revidieren musste. Wir hatten uns schlicht geirrt. Die Empfehlung lautet: *Hören Sie auf, Recht haben zu wollen.* Denn das Grundmotiv unserer Mitmenschen besteht nicht darin, belehrt und korrigiert zu werden, sondern bestätigt zu werden. Aufhören, Recht haben zu wollen, heißt aber nicht, dem anderen Recht zu geben. Es heißt auch nicht, dem bekannten

Sprichwort ›Der Klügere gibt nach‹ zu entsprechen. Was heißt es dann?
Sie geben einmal Ihre Meinung kund, sofern Sie einen Irrtum des anderen erkennen. Also im vorliegenden Fall: »*Sie meinen bestimmt Windhouk?*« Verspüren Sie dann Gegenwind, ist dies das unmissverständliche
Signal, dass eine weitere Überzeugungsarbeit fruchtlos bleiben wird. In-
vestieren Sie keine weitere Energie in einen aller Erfahrung nach erfolglos verlaufenden Dialog, sondern wechseln Sie auch hier das Thema.
»*Schauen Sie sich in Ruhe um. Wenn Sie mich brauchen, ich bin gerne
wieder für Sie da.*« Und verlassen Sie die Szene.

> *Bestätigen Sie Ihre Kunden und belehren Sie
> sie nicht.*

Als Taschenbuch noch nicht erschienen

»*Ich möchte gerne das Taschenbuch.*« – obwohl das gewünschte Buch
nachweisbar noch nicht als Taschenbuch verfügbar ist. Reaktionen wie
»*Der Titel ist als Taschenbuch noch nicht erschienen.*« brüskieren den
Kunden, der doch ausdrücklich das Taschenbuch erwerben möchte. Sie
wissen nicht, was der Kunde gesehen hat oder welche Informationen ihm
in den Kopf gesetzt wurden. Nehmen Sie ihm nicht das Recht, und belehren Sie ihn nicht. Eine Belehrung führt grundsätzlich zu einer Abwehrhaltung. Denn Sie werden einen Kunden von seiner festgefahrenen
Meinung nicht abbringen.

Binden Sie ihn statt dessen ein, indem Sie die hohe Kunst des Dialoges
beherrschen und spiegeln Sie ihn. »*Sie suchen den Titel als Taschenbuch?*« Das Nicken des Kunden sorgt dafür, dass er Ihre Formulierung
als Bestätigung und nicht als Zurückweisung empfindet. »*Nach meinem
Wissen ist das Taschenbuch noch gar nicht erschienen. Aber schauen
wir mal gemeinsam nach.*« Durch die Ich-Formulierung wird kein All-
gemeinanspruch auf die Wahrheit erhoben, sondern einer persönlichen
Meinung Ausdruck verliehen. Eine solche Aussage ist für einen Gesprächspartner viel akzeptabler. Gehen Sie mit dem Kunden direkt an
den PC, und starten Sie Ihre Such-Routine. Um Glaubwürdigkeit und
Akzeptanz zu erzielen, sagen Sie jetzt dem Kunden, was Sie konkret
tun. »*Ich schau jetzt mal in unserem Katalog nach.*« Und weiter »*Unter
dem genannten Stichwort finde ich zur Zeit nichts.*« Oder: »*In unserem
Katalog ist dieser Titel als Taschenbuch noch nicht eingetragen.*«

Um eine Situation zu harmonisieren und zu entschärfen, beschreiben Sie bitte das, was Sie tun und sehen. Sie beziehen damit alle Aussagen auf die Sache und ziehen nicht die Person des anderen in Misskredit. Übernehmen Sie anschließend die Initiative, beispielsweise mit »*Ich würde mich freuen, wenn Sie mir gelegentlich sagen, wo Sie das Taschenbuch bereits gesehen haben.*« Ihnen fällt kein Zacken aus der Krone, und es ist entgegen übersensibilisierter Befürchtungen kein Kompetenzverlust. Wechseln Sie nun das Thema, beispielsweise mit der Frage »*Haben Sie darüber hinaus noch einen Wunsch?*«.

Missverständnisse durch Gelassenheit und Souveränität meistern

Kommen wir zu einem weiteren Beispiel, in dem der Stolz eines Buchhändlers unmittelbar gefährdet ist. Ein Kunde steht vor einem Ratgeberregal und spricht gut hörbar für alle Umstehenden: »*Durch diese Ordnung sieht ja keiner durch.*« Erinnern Sie sich: Kunden sagen oft nicht, was sie denken. Auch wenn der Kunde möglicherweise über eine für ihn nicht nachvollziehbare Systematik vergrault ist, steckt im Kern seiner Botschaft der Hilferuf »*Kann mir bitte jemand helfen?*« Professionelle BuchhändlerInnen zucken nur leicht zusammen und kommentieren die Aussage nicht. Sie lassen den sprichwörtlichen ›Unrat‹ an sich vorbeischwimmen.

Würde der Kollege die Aussage kommentieren oder sogar hinterfragen (»*Wieso schauen Sie hier nicht durch?*«) würde er dem Kunden eine Bühne bieten, auf der er seine Hilflosigkeit weiter entwickeln kann. Stattdessen bewegt er sich auf den Kunden zu, versucht Blickkontakt herzustellen (erst ansehen, dann reden) und übernimmt die Initiative des Gesprächs mit einer wirksamen offenen Frage »*Was suchen Sie denn?*« oder »*Was kann ich denn für Sie tun?*«.

Lassen Sie Unrat an sich vorbeischwimmen.

An dieser Stelle erkennen Sie den eigentlichen Nutzen der offenen Fragen. Mit offenen Fragen übernimmt der Fragende die Kontrolle über das Gespräch. Es geht nicht um Problembewältigung, sondern um die Findung einer Lösung. Offene Fragen ›ent-emotionalisieren‹. Der Löwenanteil der stressigen und unangenehmen Kunden ist auf Missverständnisse, unglückliche Artikulation und übersteigerte Sensibilität zurückzuführen. Durch Gelassenheit und souveränes Auftreten lassen sich die meisten aller Ärgernisse in den Griff bekommen.

Persönliche Angriffe

Was aber, wenn ein Kunde persönlich wird, wenn er unter die sprichwörtliche Gürtellinie zielt? Erneut ein Beispiel aus der Praxis: Ein Kunde, in diesem Fall ein Rechtsanwalt mittleren Alters, wird benachrichtigt, dass sein bestelltes Buch eingetroffen sei. Als er schließlich sein Buch abholen möchte, ist das Buch nicht auffindbar – eine Situation, die sicherlich alle Aktiven im Buchhandel mehr als einmal erlebt haben.

Die ausgesprochen souverän auftretende Buchhändlerin reagiert professionell: »*Das ist mir jetzt sehr peinlich. Da haben wir Sie informiert, dass das Buch da ist, und ich finde es im Augenblick nicht, obwohl ich es vorhin noch in der Hand hatte.*« Darauf der freundliche und entspannte Rechtsanwalt: »*Machen Sie sich bitte keinen Stress, ich habe ein wenig Zeit mitgebracht.*« Doch auch die weiteren Bemühungen bleiben erfolglos. Das Buch bleibt verschwunden.

Während des Suchvorganges hört die Buchhändlerin die spitzen Kommentare des etwa 20jährigen Sohnes, der in Begleitung des Anwaltes in die Buchhandlung kam. »*Vielleicht sollte die da erst einmal aufräumen!*« ist der erste unfreundliche Seitenhieb, den sie vernimmt. Über den Dingen stehend, erkennt Ihre Kollegin in dieser Aussage den klassischen Unrat, den sie vorbeischwimmen lässt. »*Ob es bei der zu Hause auch so aussieht?*« ändert umgehend die Haltung der Buchhändlerin. Blitzlichtartig erinnert sie sich an das Leitmotiv **Der Kunde ist Gast.** Hier darf sie einschreiten, hier muss sie einschreiten, um Standpunkte zu klären, erzieherisch tätig zu werden und die umstehenden Partygäste zu schützen und gegebenenfalls vor einem voreiligen Verlassen der Party zu bewahren. Mit deutlich erhöhtem Pulsschlag wendet sie sich dem Junior zu, nimmt ihn fest in den Blick und spricht ihn wie folgt an: »*Junger Mann, Sie sehen, dass mir ein Fehler unterlaufen ist, für den ich mich noch einmal entschuldige. Ich bemühe mich auch weiterhin, das Buch zu finden. Bleiben Sie bitte höflich!*«

Die Reaktion des Juniors besteht im Übrigen in einem niedergeschlagenen Blick und einem unverständlichen Murmeln. Mit gewachsenem

Selbstbewusstsein wendet sich die Buchhändlerin dem Senior zu, drückt erneut ihr Bedauern aus und verspricht umgehende Abhilfe, indem der gefundene Titel spesenfrei in die Kanzlei gebracht werden soll. – Was darauf folgte? Die Kundenbindung blieb selbstverständlich bestehen, und zwar zu Senior und Junior. Die unmittelbar nachrückenden Kunden am Abholfach beglückwünschten die Kollegin zu diesem couragierten Eingreifen und fühlten sich sichtlich wohl.

> *Disziplinieren Sie unerzogene Kunden durch*
> *entschlossene Bestimmtheit:* »Bitte bleiben Sie höflich!«

Übergeben ist kein Zeichen von Schwäche

Was jedoch bietet sich an, wenn man selbst in keiner guten Verfassung ist und beim besten Willen kein souveränes Auftreten gelingen will? Praxistipp: Verlassen Sie wortlos den Ort des Geschehens und bitten Sie eine Kollegin, den ›Fall‹ zu übernehmen. Immer wieder ist zu beobachten, dass sich eine angespannte Situation mit dem Wechsel des Gesprächspartners schnell ändert. Alles in allem sind grobe Schnitzer im Kundenverhalten nur ausnahmsweise zu beobachten. Behandeln Sie sie also als Ausnahmen und lassen Sie Ihre Einstellung den Kunden gegenüber nicht von diesen Ausreißern prägen. Die Kundenszene ist im Regelfall unproblematisch, wenn auch tendenziell ignorant und von einem anonymen, eher egozentrischen Verhalten geprägt. Also nichts Unübliches.

Eis, Pommes & Zigarren

Eis, Hamburger, Pommes und Fischbrötchen in der Buchhandlung. Der klassische Konflikt zwischen gelebter Gastfreundschaft und Prinzipientreue. Entscheiden Sie, welche Regeln gelten sollen. Wie bei Beschwerden und Reklamationen gilt auch hier, dass die einfachste Lösung in einer für alle Beteiligten verbindlichen Regelung besteht. Entweder die höfliche und deutliche Aufforderung, bitte erst draußen zu Ende zu essen, was das Risiko birgt, dass auch ein ausgesprochen guter Rechnungskunde, der von einem neuen Mitarbeiter noch nicht erkannt werden konnte, verprellt wird. Im anderen Extrem wird eine größtmögliche Toleranz praktiziert, im Bewusstsein, dass Fischbrötchen und Hambur-

ger eine seltene Ausnahme sind, Eis hingegen zum normalen Kundenverhalten gehört. Besondere Aufforderungen wie »*Achten Sie bitte darauf, dass nichts in die Bücher kleckst.*« sind durchaus salonfähig.

Wenn Sie aus ganz persönlichen Gründen diese liberale Haltung nicht
mittragen wollen, unterstreichen Sie Ihre selbstbewusste Rolle als Gastgeber und legen Sie Wert auf die Feststellung, dass die übrigen Gäste
nicht durch Gerüche belästigt werden sollen. Eine höfliche, bestimmte und zugleich entwaffnend-freundliche Ansage »*Bitte essen Sie doch
draußen zu Ende*«, erfordert zwar ein wenig Mut, sorgt aber für klare
Verhältnisse zwischen ihren Gästen und ihnen als souveränen Gastgeber.

Umgang mit dem Telefon

Der Kunde im Laden hat immer Vorrang. Diese Sichtweise wird von vielen Kolleginnen und Kollegen im Buchhandel geteilt. Völlig richtig,
möchte man meinen, wenn man sich an die persönliche Diskriminie-
rung erinnert, die einem regelmäßig beim Ein- bzw. Auschecken in einem x-beliebigen Hotel widerfährt. Das Telefon schiebt sich nahezu ausnahmslos erfolgreich zwischen die MitarbeiterInnen an der Rezeption
und den Gast. Ohne Rücksprache, ohne Verständnis einzuholen, genießt das Telefon Vortritt.

Im Ladengeschäft verhält es sich kaum anders. Dennoch hat diese Haltung einen beträchtlichen Haken, da die Kommunikation per Telefon
beständig zunimmt. Sie ist ebenso normal geworden wie das persönliche
Gespräch zwischen zwei Menschen.

Quadratur des Kreises

Stellen Sie sich vor, ein guter Kunde ruft von seinem Arbeitsplatz aus bei
Ihnen an, um eine Bestellung aufzugeben. Während des Verbindungs-
aufbaus entstehen in ihm Bilder von der realen Buchhandlung, dem
wunderbaren Ambiente, den verführerischen Produkten und den sym-
pathischen MitarbeiterInnen. Mit jedem Signalton, der unbeantwortet
verklingt, trübt sich dieses Bild ein. Geduldig im Verkaufsraum, aber
ungeduldig am Telefon. Das Risiko für das Buchhändlerteam besteht
darin, dass ein bisher zufriedengestellter Kunde nachhaltig verärgert
wird, wenn er keine Gelegenheit bekommt, Ihnen zu Umsatz zu verhel-

fen! Eine Quadratur des Kreises? Nein! Denn neben Improvisation und
Spontaneität im Laden gibt es durchaus bedenkenswerte Lösungsmög-
lichkeiten.

> *Nehmen Sie Ihren Telefonkunden genauso wichtig*
> *wie Ihren Ladenkunden.*

Eine eigene Telefonzentrale

Die große Lösung besteht in einer eigenen Telefonzentrale. Ab einer ge-
wissen Größenordnung bietet sich ein zentraler Arbeitsplatz im Büro an,
an dem eingehende Telefonate konzentriert angenommen und bearbeitet
werden. Da sich viele Anfragen mit Titelrecherchen, Bestellungen und
Anfragen beschäftigen, ob das bestellte Buch bereits eingetroffen sei,
muss ein solcher Arbeitsplatz mit einem PC ausgestattet sein, der einen
direkten Zugriff auf die Warenwirtschaft hat. Dann läuft es rund, und es
können kompetente Auskünfte erteilt werden. Der Verkaufsraum wird in
diesem Modell erheblich von störenden Fremdeinflüssen entlastet.

Ein Call-Center

Die Möglichkeit eines Call-Centers kann bereits von kleinen Unternehmen geprüft werden. Hier werden per Anrufweiterschaltung eingehende
Telefonate angenommen. Durch Codierung der Nummer erscheint dem
Call-Center der korrekte Name der angerufenen Buchhandlung, sodass
eine professionelle Namensnennung und die Entgegennahme des Anrufs
erfolgen kann. Auch hier wird der Verkaufsraum entlastet. Durch einen
geschulten Umgang am Telefon kann mit dem Kunden professionell umgegangen werden – Umgangsformen, die gestresste MitarbeiterInnen,
die sich zwischen Ladenkunden und Telefonkunden entscheiden müssen, häufig nicht erfüllen können. Das Modell sieht weiter vor, dass Wünsche notiert und ein verlässlicher Rückrufzeitraum zugesichert werden.
Über die aufgelaufenen Telefonate und die garantierten Rückrufe wird
die Buchhandlung unterrichtet, die daraufhin die weitere Bearbeitung
des Vorgangs übernimmt. Ein Full-Service wie im Fall der eigenen Telefonzentrale ist dabei in der Regel nicht zu erzielen. Die Anspruchshal-
tung muss deutlich reduziert werden, um das Modell wirksam werden zu
lassen.

»Darf ich mal kurz ans Telefon gehen?«

Immer noch die klassische Variante in den meisten Betrieben: Es klingelt im Verkaufsraum. Achten Sie bitte darauf, dass es ein neutraler bis freundlicher Klingelton ist, der wenig Stresspotenzial besitzt. Machen Sie zudem in Ihrem Unternehmen deutlich, dass jede und jeder Einzelne im Verkauf Verantwortung für die Annahme eingehender Telefonate besitzt. Es ist ein ausgesprochen ärgerlicher Zustand, wenn sich jeder auf den anderen verlässt und somit keine erkennbare Aktivität entsteht. Da das klingelnde Telefon auch für den beratenen Kunden im Geschäft nicht angenehm ist, ersuchen Sie ihn um Erlaubnis. »*Darf ich mal kurz ans Telefon gehen?*« ist eine der wirksamsten Fragestellungen, um das Einverständnis des Kunden zu erhalten. Denn schließlich haben Sie ihn gefragt.

Ganz anders die Reaktion von empfindlichen Kunden, denen nur mitgeteilt wird »*Ich gehe mal eben ans Telefon*«. Das wird als Zumutung empfunden und verschlechtert tendenziell das Klima zwischen den Gesprächspartnern.

Auch eine virtuelle Party bleibt eine Party

Nun gibt es einige Regeln, die beim Umgang mit dem Telefon zu beachten sind. Zum einen sollten Sie sicherstellen, dass Ihre Stimmungslage beim Abheben des Hörers nicht von Stress geleitet wird, sondern von Freude. Schließlich betritt auch hier ein Gast Ihre Party, auch wenn es nur virtueller Natur ist. Freundlichkeit, Zuversicht und Kompetenz sind hier genauso gefordert wie im Ladenlokal.

Ein ausgesprochen nützlicher Tipp ist der, neben das Telefon einen Spiegel zu stellen. Die Regel lautet sodann: Erst in den Spiegel schauen, dann abheben. Dieses Verfahren wirkt Wunder und führt durch Konditionierung zu einem freundlicheren Umgangston. Weiterhin achten Sie darauf, Ihre Sprechgeschwindigkeit am Telefon zu reduzieren. Das gilt insbesondere für Schnellsprecher, denen man am Telefon kaum folgen kann.

> *Schauen Sie erst in den Spiegel,*
> *bevor Sie einen Anruf entgegennehmen.*

Corporate Wording

Nun die Gretchenfrage: Wie, mit welchem Wortlaut sollten Sie sich nun melden? Neben Corporate Identity und Corporate Design findet der Begriff des Corporate Wording immer mehr Aufmerksamkeit in der modernen Kommunikationskultur. Um einen Wiedererkennungseffekt zu erzielen, ist eine einheitliche Begrüßung am Telefon erstrebenswert. *»Buchhandlung am Markt – mein Name ist Vogt.«* reicht als bewährte Kurzvariante. Ob Sie *»Guten Tag!«, »Grüß Gott!«* oder eine ähnliche Begrüßungsformel zu Beginn oder zum Schluss bringen möchten, ist schon fast eine Geschmacksfrage. Profis am Telefon empfehlen obige Kurzvariante, um die Begrüßung unmittelbar im beginnenden Dialog unterzubringen. Meldet sich der Kunde mit *»Müller hier – ich möchte ein Buch bestellen.«*, dann antworten Sie mit *»Guten Tag Herr Müller, welches Buch soll es denn sein?«* Die Begrüßung wird also in den zweiten Dialog gelegt. Ruhe und Konzentration entstehen.

Ob Sie sich mit *»Mein Name ist Vogt.«* melden oder mit *»Sie sprechen mit Frau Vogt.«, »Sie sprechen mit Dagmar Vogt.«* oder auch nur mit *»Vogt«*, hängt von verschiedenen Einflussgrößen ab. Entscheidend ist die Verständlichkeit der Formulierung für den Kunden am Telefon. Die Einfachheit oder Kompliziertheit Ihres Namens und Ihre persönliche Stimmmelodie sind hier wichtige Einflussgrößen. Machen Sie im Kreis Ihrer Kolleginnen und Kollegen ein paar Klangproben und lassen Sie sich ein Feedback geben, welche Variante für Sie persönlich die beste ist, um vom Kunden verstanden zu werden.

Wie verhält es sich mit der am Telefon inflationär gehandhabten Formulierung *»Was kann ich für Sie tun?«* Diese Frage besitzt zwar – wie wir beschrieben haben – im Verkaufsraum einen hohen Stellenwert, verliert jedoch am Telefon immens an Wirkung. Da bis auf das Gehör alle anderen Wahrnehmungskanäle ausgeschlossen sind, stößt diese Formulierung oft auf Ablehnung. Denn Menschen hören am Telefon lediglich die letzten drei bis vier Wörter. Und diese Wörter sollten den persönlichen Namen des Gesprächspartners enthalten und nicht eine Standardfloskel, die eintrainiert wirkt und aufgrund ihrer Länge den Eintritt in den Dialog verzögert.

Die Frage *»Was kann ich für Sie tun?«* wird dann eingesetzt, wenn Sie einen Monolog des Kunden unterbrechen wollen und erneut die Kontrolle übernehmen möchten. Sätze wie *» Wenn ich Ihnen ins Wort fallen* *darf: Was genau kann ich für Sie tun?*« oder »*Was genau kann ich denn jetzt für Sie tun?*« verkürzen das Gespräch und lenken es auf die eigentliche Dienstleistung.

»Wie schreibt sich Ihr Name genau?«

Bitte klären Sie unbedingt, ob Sie den Namen des Anrufenden richtig verstanden haben. »*Wie schreibt sich Ihr Name genau?*« ist eine bewährte Möglichkeit, keinen Irrtümern aufzusitzen. Ein Notizblock, den Sie gut leserlich beschreiben, gehört zwingend zu Ihrem Handwerkszeug. Das gleiche gilt für die Notiz und Überprüfung der notierten Telefonnummer. »*Ich wiederhole noch einmal.*« gehört zu Ihrem Standardrepertoire. Allerdings gibt es die Hürde, dass in der Zentrale aufgelaufene Telefonate wieder zurück in den Verkaufsraum gestellt werden. Soll sich an dieser Stelle erneut mit der Unternehmensfirmierung gemeldet werden oder nicht, wo doch bereits in der Zentrale das klassische Begrüßungsritual vollzogen wurde? Grundsätzlich gilt, dass bei jedem eingehenden Telefonat, egal ob es der Erst- oder Zweitkontakt ist, im Sinne eines Corporate Wording die erlernte Begrüßungsformel repetiert wird. Wenn im Übrigen das Telefon bereits fünf oder mehrere Male getönt hat, bietet sich nach der Begrüßung der Wortlaut an »*Danke, dass Sie gewartet haben.*« Mit dieser Höflichkeitsform heben Sie sich sehr deutlich vom Gros der Telefonierenden ab und leisten einen aktiven Beitrag zur Kundenbindung.

Das Telefon als Bestandteil des Multichannel-Marketings

Erinnern wir uns: Das Telefon ist in der Kommunikationsintensität für die meisten Ihrer Kunden wesentlich relevanter als die Titelrecherche oder gar der Einkauf im Internet. Achten Sie deshalb darauf, dass der Umgang am Telefon von jedem im Team konsequent erlernt und entsprechend praktiziert wird.

Die Gastgeber stehen für den Erfolg der Party

Eine Party gelingt stets, wenn sich die Gastgeber konsequent auf die Wünsche der Gäste einstellen. Es liegt in Ihrer eigenen Verantwortung, den Erfolg der Party zu gestalten. Werden Sie sich deshalb klar über die Konsequenzen, die eine verantwortliche Ausübung der Gastgeberrolle nach sich zieht:
- Wie möchten wir als Gastgeberteam auf den Kunden wirken?
- Welche Ziele und welche Werte verfolgen wir mit unserer Party?
- Was bedeutet das für unser tägliches erlebbares Verhalten?

Wille zum Umsatz

Umsatz ist messbare Kundenzufriedenheit. Klären Sie für sich und für jeden einzelnen Ihres Gastgeberteams, auf welche Weise Sie es dem Kunden leicht machen können, bei Ihnen zu kaufen.

Aktives Verkaufen mit dem klaren Ziel, dem Kunden Möglichkeiten zu verschaffen, richtig gute Umsätze mit Ihnen zu tätigen, ist das täglich wiederkehrende Motiv. Die Kernfrage lautet: Woran erkennt man bei uns den Willen zum Umsatz? Oder, viel verantwortlicher in der Ich-Formulierung: Woran erkenne *ich* in *meinem* Verhalten *meinen* Willen zum Umsatz?

Klären Sie für sich und im Team, inwieweit Sie aktive Umsatzförderung wirklich wollen.

Die innere Einstellung

Unternehmen wir einen Ausflug in die Welt unserer persönlichen Wirkung. Denn wir leben zunehmend in einer Wirkungsgesellschaft, in der

Glaubwürdigkeit und Kompetenz über das Auftreten und Erscheinungs-bild erreicht werden. Welche Möglichkeiten gibt es, Ihre persönliche Wir-kung und Akzeptanz bei Ihrem Gesprächspartner zu verbessern?

Die innere Einstellung entscheidet im Wesentlichen über unsere Einsatz-freude und beschreibt die Art, in welcher Haltung wir ins Leben gehen. Eher positiv eingestellt und gut gelaunt, vom Naturell her energiegeladen und motiviert, oder eher nachdenklich, zweifelnd und von Misstrauen ge-leitet. Mit anderen Worten: Ihre Einstellung ist für Erfolg oder Misserfolg die alles entscheidende Größe. Denn Gut-drauf-Sein oder von Lustlosig-keit geprägt wirken sich direkt auf den Erfolg der Party aus. Im ersten Fall bleiben Ihre Partygäste gern und lange, was schließlich das erklärte Ziel einer gelungenen Party ist. Im zweiten Fall werden die Besuche verkürzt, und die Bereitschaft eines Folgebesuches schwindet.

Auf die Frage nach Seminarzielen sagen manche Teilnehmer: *»Ich möch-te, dass meine Kunden meine schlechte Laune nicht spüren.«*, *»Ich möch-te, dass mir meine Kunden meinen Stress nicht anmerken.«* oder *»Ich möchte nach außen kontrolliert und souverän wirken, auch wenn es mir nicht gut geht.«* Was hier gewünscht wird, ist – auf einen gemeinsamen Nenner gebracht – ein professionelles Verhalten. So wie es uns in den USA, Kanada, Australien usw. vorgelebt wird, hätten wir es auch gern. Ein grundsätzlich und fast ausnahmslos freundliches, höfliches Benehmen des Verkaufspersonals ohne ›Wenn und Aber‹. Unabhängig von privaten Nöten wird den Kunden der erforderliche Respekt gezollt.

Ein freundliches Gesicht ist die Minimalanforderung, um heute im Kon-takt mit Menschen Erfolg zu haben. Dabei fällt auf, dass die gleichen Menschen, die diesen Service in den USA genießen, hierzulande wieder kritisch werden: *»Das Lächeln muss auch aufrichtig sein.«* Damit recht-fertigen sie ihre gleichgültige Wirkung auf Kunden, sofern sie von Außen nicht in die Stimmung versetzt werden konnten.

> *Bleiben Sie in jeder Situation freundlich.*
> *Damit unterstreichen Sie Ihre Professionalität.*

Kurzum: Freundlichkeit in jeder Situation ist zu erwarten und ist die Grundlage für professionelles Verhalten. Gleichgültigkeit bis hin zu Un-freundlichkeit disqualifiziert jeden Menschen, der ernsthaft im Umgang mit Anderen Ziele erreichen möchte.

Aufgabe der Teamchefs

Wenn Sie nicht als einzelner Gastgeber, sondern mit einem vielköpfigen Team die Kunden zufrieden stellen wollen, fällt dem Teamchef eine besondere Aufgabe zu. Er muss im Stile moderner Führungsarbeit mit erlernter konstruktiver Kommunikation, die auf Ergebnisse ausgerichtet ist, eine gehörige Portion Spaß und Lebensfreude vermitteln. Sobald die Stimmung im Team von Zuversicht, Erfolg und Partnerschaft getragen ist, kann man von einem fröhlichen Auftreten eines jeden einzelnen Mitarbeiters ausgehen. Es ist die eindeutige Verantwortung der Unternehmensleitung, ein Klima der Fröhlichkeit und des Teamgeistes zu entfalten. Unterbleibt diese selbstgesetzte Verpflichtung, droht die Gefahr, die engagiertesten MitarbeiterInnen an die Konkurrenz zu verlieren, die die genannten Rahmenbedingungen besser erfüllt. Deshalb ist dieser Aufgabe höchste Priorität einzuräumen.

Ihr Unternehmens-Knigge

Viele von uns beklagen einen spürbaren Verlust an allgemeinen Umgangsformen, Entgegenkommen und Höflichkeit. Ein aufmerksames Anschauen unserer Mitmenschen findet nur gelegentlich statt, die Zauberwörter *DANKE, BITTE* und *GERN* gehören in den Wortschatz von Exoten und das aktive Füreinander-Dasein fällt heute geradezu auf, wenn es praktiziert wird. Bücher, Seminare und Therapiestunden zur emotionalen Intelligenz und zur Förderung von Empathie, d. h. der Fähigkeit, sich in andere Menschen einzufühlen, haben Hochkonjunktur.

Sehen wir die Dinge positiv und erkennen in diesem gesellschaftlichen Defizit eine erstaunliche Chance zur Profilierung der eigenen Persönlichkeit und damit auch des Unternehmens. Höflichkeit und andere gewünschte Umgangsformen müssen zwingend täglich vorgelebt werden, denn auch diese nicht delegierbare Verantwortung liegt bei der Firmenspitze.

Kleider machen Leute

Wie sehr dieses Sprichwort zutrifft, hat jeder am eigenen Leib bereits erfahren. Trotz aller Liberalität im Umgang miteinander ist es für viele Mitmenschen zumindest peinlich, wenn sie auf einem gesellschaftlichen Ereignis ›overdressed‹ erscheinen oder – dem Anlass nicht angemessen – zu leger auftreten. Angepasst zu sein und nicht allzu sehr aus der Menge heraus zu stechen, ist für viele ein normales Bedürfnis. Die Konsequenzen eines unangepassten Kleidungsstils wirken sich darüber hinaus auch darauf aus, wie wir von unseren Mitmenschen behandelt werden.

Ein selbst erlebtes Beispiel: Ich begebe mich nach einem Seminar in eine Filiale eines namhaften Hamburger Herrenausstatters. Ganz meiner beruflichen Auffassung verpflichtet, betrete ich in einer zeitgemäßen Kombination, hellem Hemd und einer nicht zu modischen Krawatte das Fachgeschäft. Das Objekt meiner Konsumlust ist eine Jeans. Der aufmerksame Verkäufer kann es nicht verhindern, dass ich mit meinem Outfit auf ihn wirke. Unausgesprochen kategorisiert er mich als kaufkräftigen Kunden, für den nur ausgewählte Markenware in Frage kommt. Er führt mich schnellen Schrittes an den Sonderangebotstischen vorbei – zielstrebig zu den noblen Topmarken. Nachdem alle Anproben vergeblich waren, werde ich mit dem Hinweis vertröstet, dass in der kommenden Woche neue Ware mit anderen Größenkombinationen zu erwarten sei. Sonderangebote oder No-Name-Jeans zieht dieser Verkäufer von vornherein nicht in Betracht.

Bereits eine Woche später betrete ich dasselbe Ladenlokal mit unverändertem Wunsch, allerdings in ausgesprochener Freizeitmontur. Neben meiner erkennbar abgetragenen Jeans ziert mich eine alte Lederjacke. Ich liebe sie, zudem ist sie ein qualitatives Meisterstück und ausgesprochen funktionell. Da ihr jedes Jahr unter meiner Obhut angesehen wird, verhilft sie mir dieses Mal zu einer gegenteiligen optischen Wirkung. Denn heute werde ich nicht in die Region der Markenjeans geführt, sondern unvermittelt zu den Sonderangeboten geleitet. Den gedanklichen Sprung zur Markenware vollzieht der Verkäufer nicht.

Kleidung unterstreicht die Persönlichkeit

Kleider machen Leute. Wie wahr! Kleidung unterstreicht die Persönlichkeit – oder behindert sie. Kleidung ist ein wichtiger Faktor, die eigene Glaubwürdigkeit zu fördern oder zu unterminieren. Kleidung stärkt die Kompetenz oder schwächt sie. Was bedeutet das für Sie? Ein allzu ausgeprägter Freizeitlook degradiert Sie optisch zum Freizeitarbeiter. Ein gepflegtes Erscheinungsbild im Business-Look qualifiziert Sie umgehend als kompetente Fachfrau bzw. als kompetenten Fachmann. Unabhängig von Ihrer beruflichen Erfahrung, von Ihrem Wissensschatz und Ihrer darüber hinausgehenden Kompetenz! Machen Sie sich also das Leben leichter und kleiden Sie sich angemessen. Es wäre schade, wenn in einem modern geführten Geschäft mit einer auf Design ausgerichteten Ladeneinrichtung ausgerechnet die MitarbeiterInnen nicht in das Gesamtambiente passen. Über diesen Aspekt hinaus bedeutet eine gepflegte Erscheinung auch Respekt vor dem Kunden. Und wenn es für Sie reizvoll ist, die persönliche Wirkung auf andere Weise zu verbessern, scheuen Sie sich nicht davor, eine gute Farb- und Stilberatung zu konsultieren. Hier wird auf einfache und eindrucksvolle Weise ein Farben- und Stoffspektrum zusammengestellt, das Ihren persönlichen Typ unterstreicht und diejenigen Farbkonstellationen herausfiltert, die Ihre persönliche Wirkung schwächen.

> *Qualifizieren Sie sich durch Ihre Kleidung zu einer ernst zu nehmenden Verkaufskraft.*

Nehmen Sie sich doch eine einfache Regel vor. Kleiden Sie sich ein wenig besser als der Durchschnitt Ihrer Kundschaft. Mit dieser Faustformel liegen Sie richtig.

Ästhetik

Was für den Ladenbau gilt, lässt sich auf das Erscheinungsbild eines Mitarbeiters übertragen. So wie ein elegantes Design nicht unerheblich darunter leidet, wenn Staub und Schmutz erkennbar werden, so ist schlichte Sauberkeit auch in der Wirkung eines Mitmenschen entscheidend für dessen Akzeptanz. Ein gesundes Körperbewusstsein schließt Körperpflege im weitesten Sinne ein. Ein besonderes Augenmerk gilt dabei den Händen. Bei einer vorwiegend weiblichen Kundschaft, die bekanntermaßen bewusst auf gepflegte Hände achtet, sind saubere Fingernägel, geschmeidige Haut und gepflegte Nagelhaut eine Selbstverständlichkeit. Bei der mitunter starken körperlichen Beanspruchung müssen Hände regelmäßig regeneriert werden. Das gleiche gilt für die Wirkung des Gesichtes. Wenn beispielsweise ein mir bekannter Hautarzt durch schuppige Gesichtshaut und ungepflegte Hände auffällt, wirft es einen beredten Schatten auf seine Kompetenz. Vorbild in eigener Sache zu sein, ist immer noch der allerbeste Weg, um seine Wirkung auf andere zu verbessern.

Wenden wir uns dem oft unbeachteten Thema Duft zu. »*Wir möchten, dass es bei uns gut riecht*«, ist eine hochinteressante Zielsetzung für ein Ladenlokal, das zum einen die Aufenthaltsqualität erhöhen und zum anderen sich von anderen Unternehmen positiv abgrenzen möchte. Der Einsatz von Duftsäulen oder aber auch der dezente Einsatz eines Parfums können hier den Unterschied machen.

Am anderen Ende der Skala muss im Bedarfsfall in Einzelgesprächen der Einsatz eines Deodorants ebenso selbstverständlich zum Ausdruck kommen wie die Aufklärung an Raucher, dass sich in Kleidungsstücken Nikotingerüche hartnäckig festsetzen können und die unmittelbare Umgebung in Mitleidenschaft ziehen. Fazit: In einem in der modernen Gesellschaft wachsenden ästhetischen Bewusstsein sollten Sie sich konsequent auf eine positive Wirkung Ihres Äußeren einstellen.

Unbestritten ist, dass die Wirkung auf andere und damit letztlich auch der Verkaufserfolg von einem angenehmen Äußeren substanziell unterstrichen werden. In diesem Sinne kann der Geruch bzw. der Duft einer Buchhandlung einen ordentlichen Anteil zur Kundenzufriedenheit beitragen.

Körpersprache

Rhetorik-Trainer betonen, dass die körpersprachliche Wirkung mindestens so hoch zu bewerten ist wie das gesprochene Wort. So wirken hochkompetente MitarbeiterInnen im Verkauf mit einem alles überstrahlenden Fachwissen, aber einer überheblichen Körpersprache (der bewertende Blick) eher abstoßend und behindern damit die Kundenbindung. Ändern wir die Vorzeichen, so stellen wir fest, dass eine engagierte Aushilfskraft mit einem rudimentären Fachwissen, die aber herzlich und offen bei der Sache ist, ein hohes Maß an Sympathie erzeugt und Kunden zum Wiederkommen einlädt. Die zugewandte Haltung, Lächeln, Blickkontakt und akzeptierendes Kopfnicken machen den Unterschied.

Um es mit den Worten von Victor Borge auszudrücken: »**Ein freundliches Lächeln ist der kürzeste Weg zwischen zwei Menschen.**«

Die stärkste körpersprachliche Wirkung geht von den Augen und dem Mund aus. Die Mimik verrät dem Gesprächspartner entweder Zugewandtheit oder Abweisung, Begrüßung oder Ignoranz, Freude oder Gleichgültigkeit. »Wer nicht lächeln kann, sollte keinen Laden aufmachen.« lautet ein altes chinesisches Sprichwort, oder in westlicher Abwandlung: »Nichts ist so ansteckend wie Lachen und gute Laune« (Charles Dickens). Lachen fördert eben nun einmal Gemeinsamkeiten und baut Aggressionen ab.

Gute Gastgeber erkennen wir an einem stets offenen Blick auf der Suche nach Gelegenheiten, unseren Gästen Gutes zu tun. John Henson, der Vater der Muppet-Show, verriet bereits vor vielen Jahren das Geheimnis seiner Puppen. Kommunikation erfolge über die Augen, weshalb seine Puppen ausnahmslos ausdrucksstarke Augen besitzen. Was für Puppen gilt, gilt auch für Menschen. In einer in sich zurückgezogenen egozentrischen Gesellschaft gehört der vorbehaltlose Blick in das Gesicht des Anderen nicht mehr zur Normalität.

Trainieren Sie das offene und selbstbewusste Anschauen selbst unbekannter Menschen.

Freie Hände signalisieren Gesprächsbereitschaft

Um einem Gesprächspartner Offenheit und Willkommensein zu demonstrieren, sind Hände und die mit ihnen verbundene Gestik von zentraler Bedeutung. Freie Hände, die sich nicht in Hosentaschen verbergen oder hinter dem Rücken verschwinden und auch nicht vor dem Brustkorb verschränkt sind, signalisieren dem Gegenüber uneingeschränkte Gesprächsbereitschaft.

Sofern Sie von einem Kunden bei Ihrer Tätigkeit des Warentransportes aufgehalten werden, legen Sie grundsätzlich die Ware weg. Dies ist ein überaus wirksames Detail, um körpersprachlich Einfluss zu nehmen. Natürlich hängende Schultern und ein stabiles Auf-beiden-Beinen-Stehen unterstreicht Ihr Selbstbewusstsein. Da Ihre Kunden lieber bei selbstbewussten, souverän auftretenden Menschen kaufen als bei introvertierten zögerlichen, sind diese Details vor Ort zu überprüfen und gegebenenfalls durch ein Kollegen-Feedback zu korrigieren.

Der Tag nach der Party – Kater oder Aufbruchstimmung?

Jeder von uns kennt die Gefahr, die aus einer einschläfernden Routine kommt. Da gewinnen Aufräumarbeiten im Laden und im Büro überhand, die Verwaltung mischt sich trotz aller guten Vorsätze in viel zu viele Arbeitsbereiche ein, da knirscht es im Verhältnis untereinander – und plötzlich stört der Kunde tatsächlich. Soeben noch vom König zum gern gesehenen Gast aufgewertet, stürzt er in wenigen Momenten zum Störenfried ab. Routinierte, angewöhnte Abläufe durch neue zu ersetzen, gehört wohl zu den schwierigsten Vorhaben erwachsener Menschen. Um nichts Geringeres geht es aber, wenn das Leitbild *Der Kunde ist Gast* erfolgreich und dauerhaft übernommen werden soll.

Die Party soll leben und damit auch das persönliche Vergnügen an der täglichen Arbeit. Hierzu ein paar wirkungsvolle Tipps.

Tipps gegen mögliche Katerstimmungen

GOLDENE REGELN

Sammeln Sie im Kreis Ihrer Kollegen ›Goldene Regeln‹, die für jede und jeden in der Verkaufscrew verbindlich sein sollen und pinnen oder kleben Sie diese um das Leitbild rundrum. Dies geht sehr einfach und ersetzt möglicherweise aufgeblähte Betriebshandbücher.

Goldene Regeln können sich beispielsweise beziehen auf die Gestaltungsgrundsätze des Buffets (Präsentationsregeln, Themenzuordnung, Stapel etc.), verlässliche Verhaltensformen bei der Kundenansprache (Begrüßung, Fragetechnik, Reihenfolge der Produktpräsentation) u. v. a. m.

MOTTO DER WOCHE

Nehmen Sie sich als Motto der Woche jeweils nur ein Verhaltensziel vor. Die Vorgesetzten fungieren als Coach, indem sie täglich jeden Akteur des Gastgeberteams auf das beschlossene Vorhaben hin beobachten. Geben Sie ein positives Feedback, wenn Sie wahrnehmen, dass Ihre Mitarbeiter die vereinbarten

> Verhaltensziele richtig anwenden. Mit anderen Worten: auf Erfolge achten und
> sofort das Verhalten und das Ergebnis bestätigen – oder gegebenenfalls aufmun-
> ternd korrigieren. In diesem Sinne funktioniert der Trainingsprozess erfolgreicher
> Sportler.

Damit Sie sich als Gastgeber nicht nur täglich motivieren können, sondern auch schrittweise eine bemerkbare Kundenbindung erzielen können, ist die innerbetriebliche Kommunikation das wichtigste Führungs-
instrument. »Wie war die Party?« dient als Ausgangspunkt für wöchent-
liche Meetings, die dazu dienen, die eigene Leistungsfähigkeit auf den
Prüfstand zu stellen und Verbesserungsideen zu beschließen. Detailver-
besserungen in den täglichen Routinen können nur im ständigen Dialog
und enger Abstimmungen untereinander erreicht werden. Falls Sie – unabhängig von Ihrer Betriebsgröße – zur Spitzengruppe des deutschen
Einzelhandels zählen möchten und sich spielerisch sowie selbstbewusst
dem Leistungsdenken zuwenden wollen, orientieren Sie sich doch einfach an einer Vorgabe des legendären Automobilbauers Enzo Ferrari:
»Der beste Ferrari ist stets der, den wir noch nicht gebaut haben.«

Freuen Sie sich also auf die beste Party, die Sie ab morgen veranstalten
werden. Genießen Sie Ihre persönlich beste Leistung als Gastgeber, mit
der Sie auftreten werden. Der Autor glaubt fest daran, dass mit einer gelebten Gastfreundschaft in heiterer Gelassenheit ein höchstmöglicher
Genuss im gehobenen Fachhandel erreicht und maximale Umsatzerfolge
erzielt werden können. Denn Umsatzwachstum ist eine Konsequenz aus
Kundenzufriedenheit.

Merksätze auf einen Blick

Perfektionieren Sie Ihre Basisleistungen.

Sie erreichen Premium-Qualität nur über Beschränkung.

Gewährleisten Sie den unverstellten Zugang zur Ware.

Entfernen Sie die Schutzfolie, damit der Kunde die Bücher prüfen und begutachten kann.

Präsentieren Sie Bücher auf Tischen ausnahmslos als Stapel.

Platzieren Sie Ihre umsatzstarken Sortimentsbereiche frontal in Sichthöhe.

Lassen Sie sich in Ihrer Gastgeber-Rolle von einer unaufdringlichen Aufmerksamkeit leiten.

Nutzen Sie die Begrüßung als Chance, das Kundengepräch zu eröffnen.

Binden Sie die Kunden mit offenen Fragen in das Gespräch ein. Schauen Sie den Kunden an, bevor Sie reden.

Benutzen Sie im Zweifelsfall Alternativfragen, denn sie bewirken immer eine Zustimmung.

Ermitteln Sie so schnell wie möglich die Kaufmotive Ihrer Kunden.

Geben Sie dem Kunden so schnell wie möglich ein Buch in die Hand.

Mit Ihrer ersten Wahl bieten Sie dem Kunden eine Orientierung.

Starten Sie Ihre Präsentation grundsätzlich mit höherpreisigen Produkten.

Vergessen Sie nie: Kunden sagen oft nicht, was sie denken.

Inspirieren Sie Ihre Kunden. Denken Sie für sie mit. Geben Sie Zusatzinformationen.

Gestalten Sie das Einkaufserlebnis lustbetont und spielerisch.

Nutzen Sie Alternativangebote, um spontane Kaufbereitschaft zu erfüllen.

Der letzte Eindruck prägt.

Nehmen Sie Reklamationen nicht persönlich, sondern nutzen Sie sie als Chance, um Ihre Kunden zu verstehen.

Mit jeder Auseinandersetzung beschädigen Sie die Beziehung zu Ihren Kunden.

Nehmen Sie Ihre Kunden über Trost und Anbieten einer Lösung ernst.

Bestätigen Sie Ihre Kunden und belehren Sie sie nicht.

Lassen Sie Unrat an sich vorbeischwimmen.

Disziplinieren Sie unerzogene Kunden durch entschlossene Bestimmtheit: »Bitte bleiben Sie höflich!«

Nehmen Sie Ihren Telefonkunden genauso wichtig wie Ihren Ladenkunden.

Schauen Sie erst in den Spiegel, bevor Sie einen Anruf entgegennehmen.

Klären Sie für sich und im Team, inwieweit Sie aktive Umsatzförderung wirklich wollen.

Bleiben Sie in jeder Situation freundlich. Damit unterstreichen Sie Ihre Professionalität.

Qualifizieren Sie sich durch Ihre Kleidung zu einer ernst zu nehmenden Verkaufskraft.

Trainieren Sie das offene und selbstbewusste Anschauen selbst unbekannter Menschen.

Wer etwas bewegen möchte, braucht einen dynamischen Partner.

Professionalität und persönliches Engagement sind für Sie selbstverständlich.

Sie wollen mehr verkaufen, Kunden binden, wirtschaftlich arbeiten und dabei Ihre unternehmerische Selbstständigkeit festigen. Als Barsortiment kann Libri Sie dabei optimal unterstützen: mit moderner Just-in-time-Logistik, sinnvollen Rationalisierungsinstrumenten und neuen Ideen für mehr Geschäft, natürlich auch im Digital-Bereich.

Sprechen Sie mit uns über den inhabergeführten Buchhandel von morgen!

Libri GmbH · Barsortiment
Friedensallee 273 · 22763 Hamburg
Europaallee 1 · 36244 Bad Hersfeld
www.home.libri.de · libri@libri.de

Partner für Ihren Erfolg

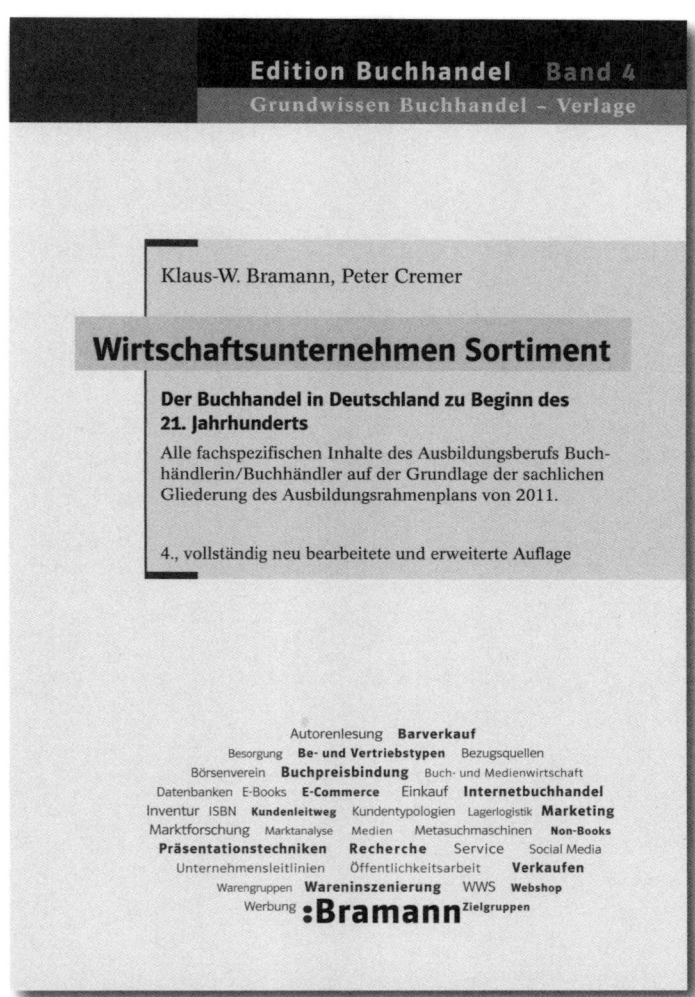

Edition Buchhandel Band 4
Grundwissen Buchhandel – Verlage

Klaus-W. Bramann, Peter Cremer

Wirtschaftsunternehmen Sortiment

Der Buchhandel in Deutschland zu Beginn des 21. Jahrhunderts

Alle fachspezifischen Inhalte des Ausbildungsberufs Buchhändlerin/Buchhändler auf der Grundlage der sachlichen Gliederung des Ausbildungsrahmenplans von 2011.

4., vollständig neu bearbeitete und erweiterte Auflage

Autorenlesung **Barverkauf**
Besorgung **Be- und Vertriebstypen** Bezugsquellen
Börsenverein **Buchpreisbindung** Buch- und Medienwirtschaft
Datenbanken E-Books **E-Commerce** Einkauf **Internetbuchhandel**
Inventur ISBN **Kundenleitweg** Kundentypologien Lagerlogistik **Marketing**
Marktforschung Marktanalyse Medien Metasuchmaschinen **Non-Books**
Präsentationstechniken **Recherche** Service Social Media
Unternehmensleitlinien Öffentlichkeitsarbeit **Verkaufen**
Warengruppen **Wareninszenierung** WWS **Webshop**
Werbung **:Bramann**Zielgruppen

Hardcover
mit Fadenheftung
484 Seiten
ISBN 978-3-934054-58-5
40,– Euro

Wirtschaftsunternehmen Sortiment ist ein praxisnahes Lehr- und Arbeitsbuch für Buchhändler und Seiteneinsteiger, das sowohl die Arbeit in Buchhandlungen als auch branchenrelevante Zusammenhänge erklärt und somit in zehn Kapiteln in die Welt des Buchhandels einführt.

»*So läuft das Geschäft. Aktueller, umfangreicher, weitsichtiger. [...]
Klaus-W. Bramann und Peter Cremer balancieren zwischen den beiden Polen Kultur und Geschäft – und zeigen, was notwendig ist, um eine Buchhandlung wirtschaftlich zu betreiben.*«

(Börsenblatt 29. 2014)

©	2016 Bramann Verlag, Frankfurt am Main
	Alle Rechte vorbehalten
Herstellung	Margarete Bramann, Frankfurt
Einbandgestaltung	Margarete Bramann in Anlehnung an eine Reihenkonzeption
und Typografie	von Hans-Heinrich Ruta und Stefanie Langner
Druck und Bindung	TZ-Verlag & Print GmbH, 64380 Roßdorf | www.tz-verlag.de
	Printed in Germany, 2016
ISBN (PRINT)	978-3-934054-56-1
ISBN (EPUB)	978-3-934054-90-5